ふるさとをつくる

アマチュア文化最前線

小島多恵子

筑摩書房

ふるさとをつくる——アマチュア文化最前線　目次

はじめに　008

装丁・扉レイアウト　神田昇和

ふるさとをつくる——アマチュア文化最前線

はじめに

ふるさとはありますか?

「ご出身はどちらですか?」

仕事柄、地方に行くことの多い私は、よくこの質問を受ける。困る。

「京都どす」とはんなりしたアクセントで答えられればいいのだが、生まれたのは京都でも、二歳で父の故郷である滋賀県守山市に移っている。その後、十歳で守山市から大阪の郊外都市・枚方《ひらかた》市に引っ越し、三十歳で門真《かどま》市での一人暮らしを始め、今は大阪市内に住んでいる。

私に質問をした人たちのほとんどは、生まれた土地と育った土地が同じである。生まれ、育った場所なのである。出身地とは、そういう土地をイメージして聞いているのだと思う。つまり、彼らは「ふるさとはどこですか?」と尋ねているのだ。

でも私には、「ふるさと」と呼べる土地はない。京都の記憶はほとんどなく、幼少期を過ごした守山には、親戚以外に知り合いがいない。思春期から青年期までを過ごした枚方は、高校入学以降はホームタウンというよりは寝に帰るだけのベッドタウンと化した。小中学校の友人たちは、みんなどこか他のところで暮らしていて、実家にはすでに両親もいない。核家族が多い郊外住宅地で育った人で、私のようにふるさとアイデンティティを持てない人は、わりとたくさんいるように思う。

サントリー地域文化賞

私は、公益財団法人サントリー文化財団の職員として、全国の地域文化活動を顕彰する「サントリー地域文化賞」の事務局をちょうど三十年務めている。音楽や演劇、美術、伝統文化をはじめ、衣食住に関する文化、遊び、文化を核とした地域づくりなど、賞の対象は様々だ。

この賞が創設されたのは、財団設立と同じ一九七九年である。当時は、加速化する東京への中央一極集中に対する危機感から、「地方の時代」が叫ばれた時期である。また、高度成長が一段落して、それまでひたすら追い求めてきた経済と物の豊かさから、心の豊かさを求めるようになり、「文化の時代」と言われた時期でもある。こうした時代背景のもとに、財団設立発起人のお一人であった大阪大学教授（当時）の山崎正和先生が発案され、国立民族学博物館館長（当時）の梅棹《うめさお》忠夫先生が創設時から二〇〇五年まで、選考委員長として見守り育ててくださった賞である。全国的な視野で地域の文化活動を顕彰するものとしては、おそらく最も早くに創設された賞のひとつだと思う。文化庁が地域文化功労者表彰を始めたのは一九八三年のことである。

同賞のこれまでの受賞者は、全都道府県にわたり百八十九件に上る（二〇一三年現在）。私が事務局に入った当初は、候補に挙がった活動を調査に行くときも、「サントリー地域文化賞」と言っても、誰もご存じなかった。受賞が決まっても、それほど嬉しそうにしてもらえなかった。だが、今は違う。知名度はずいぶん上がっている。同じ県内の有名な団体が受賞している、あるいは同じ分野の活動で目標として仰いでいた団体が受賞しているなどの理由で、同じ賞を受けられることを非常に喜んでもらえるようになった。山崎先生は、

「賞の値打ちは受賞者が決めるのです」

とおっしゃっていた。三十五年あまりを経て、本当にそうなっていると思う。

賞の選考に関しては、まず、全国の地方紙とＮＨＫ各局から推薦していただいた候補の書類選考を行う。そこで選ばれた十件程度の候補を事務局が現地で調査し、二次選考で受賞者を決定する。文化の価値に優劣はない。選考基準は継続性、発展性、独自性と地域への影響力の四項目だ。それでも手づくりハムやオーケストラ、伝統的な祭り、文化的なイベントを

核にしたまちづくりなど、様々な分野の活動の中から、毎年、原則として五件を選ぶのだから大変だ。民間財団の自由さを活かして、賞の決定は選考委員の先生方の良き独断と偏見に全面的に委ねているのだが、選考委員会では、文化とはなんぞや、地域とはいかにあるべきかなどといった議論が喧々諤々と繰り広げられているのである。

こうして選ばれた受賞者のうち、百三十件以上の活動を私は実際に現地に行って見ている。受賞にはいたらなかったけれど、候補として調査した活動も数多くあるので、おそらくこれまでに二百件あまりの地域文化活動に接してきている。調査のときには見られなかった本番を、どうしても見たくなってプライベートの旅行で訪ねたり、受賞者と共催でシンポジウムを開催したり、地域文化に関する研究会でヒアリング調査に行ったりして、公私あわせて、年間五十日前後、地方に出かけている。

世界一アマチュア文化活動が盛んな日本

地方を訪れて感じるのは、日本の地域文化はとても豊かだということだ。神楽《かぐら》や能、狂言、歌舞伎、人形浄瑠璃、祭りなどの伝統芸能や伝統文化が全国各地に伝わっている。数百年、千年を超える伝統を誇るものも少なくない。明治になってからは西洋の芸術文化が伝わり、地方に定着していく。早くも大正時代には、山形県鶴岡市に西洋美術団体「白甕社《はくおう》」が結成され、長野県諏訪市に「諏訪交響楽団」の前身が誕生している。

第二次世界大戦によってこれらの文化活動はいったん途絶えたり、下火になったりするが、すぐに復活する。終戦間もない一九四五年の十月に、激しい空襲で瓦礫の山になっていた北九州市の小倉区で、アマチュア劇団「青春座」が誕生したというエピソードには驚かされた。食べるものにも事欠いていた時期に、演劇を求めた人々がいたのだ。戦後はアメリカ文化であるジャズやロックが人々の間に広がり、さらに近年のグローバル化に伴い、中南米やアジア、アフリカの音楽も普及していく。様々なジャンルの音楽の祭典が、各地で、地域を挙げて取り組まれている。

こうした文化活動の団体数は半端ではない。種類も実に様々だ。自国の伝統文化だけでなく、世界各地の文化を取り入れ、自分たちで演じたり、演奏したりするという日本の地域文化の有り様は、世界的に見ても特殊な状況と言われている。さらに新しい祭りや新しい文化も誕生しており、それが世界に広がる兆候さえある。こうした活動はすべて、いわゆるアマチュアの文化活動である。梅棹先生は、

「一文の得にもならん阿呆らしいことを一生懸命やるのが、本当の文化だ」

とおっしゃっていた。後述するが、一文の得にもならんアマチュアの文化活動が、もしかしたら日本は、世界一盛んな国かもしれない。

日本の文化予算は世界の先進国の中でも非常に貧弱だと批判する声をよく聞く。それはそうかもしれないが、ここで批判されているのは主に、プロの芸術、中でもハイカルチャーに分類されるものに対する国の支援のあり方だ。公的な補助金などはあてにせず、自腹を切って、自分たち自ら文化を創造し、地域の人たちに観てもらい、聞いてもらって楽しんでいるアマチュア文化のことは、まったく視野に入っていない。

ＪＡＬ財団は、アジア各地の大学で日本語および日本社会を学んでいる学生たちを日本に集め、日本をより理解してもらうための二週間にわたるプロジェクトを開催している。以前一度、このプロジェクトにゲスト・スピーカーとして招かれ、日本の地域文化の歴史と現状を話した。このときの学生たちの感想が強く印象に残っている。それは、「日本が羨ましい」というものだった。

アジアの多くの国々では、長く、貧富の差が激しい時代が続き、欧米の芸術文化を庶民が楽しむ余裕はなかった。一方で、九〇年代以降は、停滞していた近代化と日本以上の中央一極集中、さらにグローバル化の三つの波が一挙に押し寄せ、庶民が守り続けてきた伝統文化が破壊されようとしている。明治以降、時間をかけて欧米化と近代化を達成し、庶民が欧米や世界の文化を楽しみつつ、自国の伝統文化もきちんと守り続けている日本が羨ましい、と言うのだった。私たち日本人は、日本の地域文化の豊かさをもっと自覚し、アマチュア文化大国であることを誇るべきなのではないだろうか。

「ふるさと」をつくる

私が各地で出会った地域文化活動に熱中している人たちは、まぶしいほど輝いている。もちろん、都会にいても、何かに熱中している人は輝いている。だが、地域文化賞の受賞者の方たちは皆さん一様に、文化活動に熱中するだけでなく、ふるさとを深く愛している。そしておそらく一生にわたる、仲間同士の強い絆に結ばれている。そのために彼らあるいは彼女らは一段と輝きを増し、まぶしく感じられるのだ。そのまぶしさには、私が持っていないものに対する羨ましさ、憧れがたっぷり含まれている。

彼らあるいは彼女らと話していると、もともと郷土愛の強かった人たちばかりではないということに気づく。いやいやUターンしてきたけれど、あるいは仕方なく地元に残っていたけれど、活動に参加することによってふるさとの良さを再認識した人がたくさんいる。また、その土地の文化に惹かれて、都会やよその地域からIターンしてきて、出身地をふるさととして愛する以上に、今住んでいる土地を第二のふるさととして愛している人もいる。そう、「出身地」は自分ではつくれないけれど、「ふるさと」はつくることができるのだ。

このことを、以前、受賞者のお一人に話したことがある。大分県湯布院（現・由布市）の中谷健太郎さんだ。中谷さんは旅館業を営みながら、一九七〇年代後半から、全国に先駆けて音楽祭や映画祭などを開催し、文化の薫り高いまちづくりを展開してきた。中谷さんは、こうおっしゃった。

「ふるさとって、仲間がいるところじゃないかな」

そう言われてみれば、当時の私にとって、湯布院はふるさとみたいなものだった。一九八四年から二〇〇五年くらいまで、私は毎年夏になると、湯布院映画祭に通っていた。そこに行くと、全国から集まった映画好きの仲間たちと再会できたし、地元にも友達ができた。現在は、仕事や親の介護などそれぞれの都合で、毎年は参加することができなくなったが、かつては電話と手紙で、今は携帯電話と電子メールでずっと連絡を取り合っている。Ｉターンをして第二のふるさとをつくった人たちに比べるとかなりバーチャルだから、湯布院は「心のふるさと」とでも言うべきか。

「応援してくれる人も仲間だと思う」と言ってくれた人もいる。なんだか嬉しかった。私は仕事を通じて、多くの素晴らしい地域文化活動とそこで一生懸命頑張る人たちに出会い、惚れこんだ。仕事の枠組みも超えて、公私両面で、心から応援してきた。応援する私も仲間として認めてもらえるのであれば、私には、全国にたくさんの仲間がいて、心のふるさとがあることになる。

この本は、私の心のふるさととそこで活動している人たちを紹介するものである。彼らは文化活動を通じて仲間をつくり、地域のことを再認識し、それ以前よりも強い郷土愛を育んでいる。活動に参加することによって改めて、ここが自分のふるさとなのだという実感を抱いている。Ｉターンの人にも同じことが言える。見ず知らずの人ばかりの土地で仲間ができ、地域に受け入れられ、そこが大好きになる。地域文化がふるさとをつくってくれるのだ。

また、地域文化はふるさとを元気に、豊かにしてくれる。好きなことを一生懸命やっている人たちがまず元気になる。まわりの人たちにもそれが伝わり、やがて多くの人が集まってくる。共通の話題、共通の笑いが生まれて、コミュニケーションが豊かになる。活動は活発になる。そして次第に規模が大きくなってくると、地域の外からも人が集まってくる。文化に惹かれて度々通う人たちは、その地域を心のふるさととして愛するようになる。地域の知名度が上がり、経済効果が生まれることもある。

「まちづくり」「地域づくり」と同じ意味で、文化による「ふるさとづくり」が起きているのだ。経済的な意味での地域の活性化はしきりに議論されて成功事例が取り上げられているが、文化による地域の活性化もあるのだ。人を元気にするのが文化の役割であり、元気な人が増えれば地域も元気になり、活性化する。こうした実例をぜひ紹介したい。

昨今、全国の自治体にIターン、Uターン者を増やすための課が設けられ、過疎対策に躍起になっている。だが、せっかくやってきた人、戻ってきた人たちが、地域で孤立した結果、また出て行ってしまうということも起きている。もちろん、孤立しただけではなく、経済的に立ち行かなかったことが最大の原因だろう。だが、もしも文化活動を通じた仲間がいれば、アドバイスをしてもらったり、ときには助けてもらうこともできたかもしれない。

サントリー文化財団では、二〇一一年に全国の人口十万人以下の市町村に暮らす、三十五歳から六十九歳の人々に対してアンケート調査を実施した。調査では人々が定住者かUターン者かIターン者であるか、地域文化活動に参加しているか、地域への愛着や満足度はどうかなどについて尋ねた。その結果、地域文化活動に参加している人は、定住者、Uターン者、Iターン者にかかわらず、一律に地域への愛着と満足度が高く、反対に活動に参加していないIターン者の愛着と満足度が著しく低くなっていることが分かった。

このことからも、希望を持ってやってきた人たちが、絶望して出て行くことがないように、Iターン、Uターンの人たちの受け入れを考える際、自治体側でも地域文化の役割にもう少し注目すればいいのではないかと思う。この調査の詳細は、サントリー文化財団の自主研究プロジェクト「地域文化とUターン研究会」（代表＝苅谷剛彦氏）の成果報告として刊行しているので、ご参照いただければ幸いだ。*

人と人を結びつける文化の力は大きい。地域内はもちろん、文化は地域を超えて人を結びつける。限界集落の祭りに地域外から大勢の人が集まり、震災で傷ついた町に、全国、世界から励ましの声と支援が寄せられた。子どもの頃から地域の文化に親しみ、地元に多くの仲間がいる若者たちは、なんとか地元に留まりたいと願う。そして、日本の各地で、様々な形で人と人とを結びつけ、人を地域に結びつけている地域文化は、「一文の得にもならん」ことをしているアマチュアの文化なのだ。

たかが文化、されど文化。アマチュアたちが支える地域文化の力で、日本が地域から元気になっていくことを心から願っている。

＊苅谷剛彦編『「地元」の文化力――地域の未来のつくりかた』河出書房新社（河出ブックス）、二〇一四年

第1章　地域文化の開拓者たち

進化し続ける祭り
——北海道札幌市「YOSAKOIソーラン祭り」

前代未聞の椿事

「エンが脱ぎましたよ！」

「褌《ふんどし》いっちょの、ほとんど全裸ですよ！」

やや興奮した面持ちで話される話題に、最初はまったくついていけなかった。一九九九年、「YOSAKOIソーラン祭り」の一次審査を行う審査員控え室での出来事である。大通り大通りをはじめとする札幌市内のいくつかの会場で、鳴子を手にした人々が踊る「YOSAKOIソーラン祭り」。私はその年初めて、一次の審査員として札幌に来ていた。

一次審査は、札幌市内の中心、南北の大通りに分かれて行われる。参加している二百数十チームを十のブロックに分け、五〜六人一組になった審査員団が、大通りをパレードするチームの踊りを見て、審査する。最も得点の高かったチームが決勝戦であるファイナルステージに進む。一次審査はパレードのみだが、決勝戦はパレードとステージでの踊りが対象となり、それぞれのチームは二種類の異なるタイプの踊りを用意しなければならない。

冒頭で話題になっているのは、北海道大学の学生を中心としたチーム「北海道大学 縁」のことである。メンバーは百数十名で、「YOSAKOIソーラン祭り」に参加するチームの中でも、最大規模のチームだ。その「縁」が、裸になったというのだ。札幌のど真ん中で。それも、数万人の観客が見守る中。前代未聞の椿事である。審査員はもちろん、観客も度肝を抜かれ、その後、やんやの喝采を送ったという。あいにく私が審査を担当したグループではなかったので、さっそく見に行った。

なんと言うか、大学生特有の、若さと馬鹿さが炸裂していて、とても面白かった。裸足にだぶだぶのズボン、腹掛けの上に長めのハッピ姿の男女の学生たちが、円陣を組んで大声で叫んだり、走ったり、跳ねたり飛んだりしながら、歌い、踊る。百数十人もの若者が集まると、それだけでものすごいエネルギーが放出される。「YOSAKOIソーラン祭り」には、いろいろなタイプの踊りがあるが、「縁」は素朴さと元気が取り柄。「洗練された」とか「一糸乱れず」というタイプの踊りからは程遠く、一人ひとりがともかく、力いっぱい、はっちゃけながら踊っている。

赤フン姿で有名な北海道大学「縁」

後半に入り、女子学生の群舞が始まると男子学生はその後ろに下がり、なにやらモゾモゾしていたかと思うと、数十名分のズボンやハッピがいっせいに宙を舞い、赤フン姿の若者たちが飛び出してきた。脱ぐのは男子学生だけである、念のため。そして彼らは、それまで以上にハチャメチャに、ほとんどヤケクソのように激しく、踊り狂う。

北海道の学生たちは、夏が短いせいか妙になまっちろい。お世辞にもたくましいとは言えない。セクシーなところは微塵もない。モヤシのような裸体が乱舞している。ユーモラスで、馬鹿馬鹿しくて、なんとも愛嬌があって、思わず笑みがこぼれてしまう。沿道の観客たちも、みんな笑顔で手拍子を送っている。

北大伝統の赤フン

実は私、その後十年あまり審査員を続け、引退（?）した後も、六月の「YOSAKOIソーラン祭り」が近づくとそわそわする。結局、父が亡くなった年を除いて、毎年ずっと札幌通いを続けている。足掛け十五年。その間、「縁」は毎年脱ぎ続け、「YOSAKOIソーラン祭り」の名物となっている。脱ぐ技術も進歩していて、今では「あ、準備をしているな」と気づく間もなく、一瞬で着衣を脱ぎ捨てる。学生は毎年入れ替わるから、おそらく、衣装のほうに改良を加えたのだろう。

二〇一三年、「YOSAKOIソーラン祭り」の一日目が終わった後、友人と生ラム・ジンギスカンの店で食事をしていたとき、たまたま同じテーブルにいたカップルから、北大と「縁」について、実に面白い話を聞いた。男性のほうは北大の卒業生で、「縁」のOBでもある。北大の寮には古くから伝わる奇妙なイベントがあって、真冬に、男子学生たちが寮の二階から降り積もった雪の上に飛び降りるのだそうだ。それも赤フンいっちょで。また、「赤フンパレード」と言って、赤フン姿でときどき街に出没したりもするそうだ。つまり「縁」の赤フンは北大のその伝統を受け継いでいるということなのだ。

そしてさらに、思わず「えぇーっ!」と言うようなことを教えてもらった。私たちの隣にいるその青年は、三十四歳。ワイシャツにネクタイという、どこから見ても普通のサラリーマン姿なのだが、実は、今現在、赤フンを締めているのだと、恋人である連れの女性が暴露した。彼女、けっこう酔っ払っていて、「見せてあげなさいよー」とか言って彼氏のベルトに手を伸ばしている。いえ、結構です。別に見たくないです。だから、おやめなさいってば！

その男性は、好きで赤フンを締めているのではなかった。「縁」の踊りは三人一組でフォーメーションを組んでいるので、踊っている最中に怪我をしたり、褌の紐が切れたりというような緊急事態が起きると、その人だけでなくて、ほかの二人も踊れなくなってしまう。だから、ピンチヒッターとして踊りに加わるために、常に複数のOBが、褌を締めて待機しているのだ。彼はお昼まで仕事をして、その後、下着を褌に履きかえ、いや締め変えて、「縁」が出演する会場について歩いていたそうだ。幸いその日は出番がなく、明日は他のOBがつくことになっているという。

「卒業して十年くらいになるはずですよね。普段、大学生と一緒に練習とかしているんですか？」

「踊り自体は、基本形のバリエーションだから、まわりを見てたらだいたい踊れるんです。だけど、さすがにこの歳になると体がきつい。札幌市内にいるOBで、比較的時間の自由が利く人間というと限られているから、なかなか引退できないんですよ」

学生が始めた祭り

わりとよく知られていることだが、この「YOSAKOIソーラン祭り」のルーツは高知の「よさこい祭り」であり、それを札幌で始めたのは北大を中心とする大学生たちだ。彼らを動かしたのは、たった一人の学生が受けた感動だった。一九九一年、当時北大一回生だった長谷川岳さんが、たまたま訪れた高知で「よさこい祭り」に接した。南国特有のおおらかで明るい祭り、とりわけ、鳴子を打ち鳴らし、エネルギッシュに踊る人々に圧倒され、鳥肌がたつほどの感動を覚えたという。北海道に帰った長谷川さんは、親しい仲間たちに夢中になってその感動を伝えた。自分たちの手で、誰もが参加できる札幌の夏の祭りを創ろうという彼の言葉に、四人の仲間が賛同。学生五人で実行委員会を立ち上げた。

そこからの彼らの頑張りが周囲を動かしていく。ほかの大学にも声をかけ、実行委員は百名を超えていった。しかし当初、行政や警察への協力依頼や札幌大通りと公園の使用許可申請などに対して返ってくる応えは、無理だ、駄目だの連続だった。協賛金もさっぱり集まらなかった。

「そりゃ、そうだろうな」と、おばさんの私は思う。なんで、高知の祭りを札幌でやらなきゃいけないんだとか、前例がないとか、そんなわけの分からないものにお金は出せないとか、そりゃ、みんな言うでしょう。私にも、彼らが「やりたい」と思った理由は理解できないではない。だけど、彼らが「できる」と思っていた理由が分からない。だから、すでに四十歳を過ぎ、おじさんの敷居を跨いでしまった長谷川さんに、聞いてみた。

「あの頃、実現できると思っていたんでしょ？　なんで？」

そうすると、長谷川さんはしばらく困ったような顔をして考えた後、こう答えた。

「中心になってやっていた仲間たちは誰も、無理だからやめようとは言いませんでした。だから、みんな、できると思っていたのは確かなんですが——あの頃、どうしてそう思ったのか、僕も分からないです」

だが、できてしまったのだ、結果的に。若者たちは決して夢を捨てず、智恵を絞り、粘り抜き、全力でぶつかっていった。その結果、一千万円を超える協賛金を集め、道路の使用許可を取り、高知から「よさこい祭り」のトップチームを招待し、札幌市内外から十チーム千人の踊り手を集めた。そして、長谷川さんが高知でよさこい祭りを初めて見たときからたった十カ月後の一九九二年六月、第一回の「ＹＯＳＡＫＯＩソーラン祭り」が始まった。

“Boys, be ambitious!”の精神を受け継ぐ北大生ならではの快挙と言うべきだろう。

開拓者魂が息づく北海道の地域文化

あるとき北海道のサントリー地域文化賞受賞者十三件の活動をじっと眺めていて、すべてジャンルは異なるにもかかわらず、ある種の共通点があることに気がついた。

まず、スケールが大きい。あるいは、大きな夢を抱いている。「ＹＯＳＡＫＯＩソーラン祭り」については、この後詳しく紹介するが、その後全道、全国に広がり二百万人以上の観客を動員する祭りに成長した。この本ではほかに二件、北海道で活躍するサントリー地域文化賞受賞者を紹介している。「江差追分会」は、追分のルーツ一万キロを辿り世界追分祭を開催しているし、「昭和新山国際雪合戦」は、自分たちがスポーツ競技として開発した雪合戦が冬季オリンピックの正式種目に採用されることを目指して、世界展開を行っている。紙数の関係で取り上げられなかったが、「市民創作「函館野外劇」の会」は、夏の二カ月間、五稜郭跡を舞台にスタッフ・キャスト延べ一万人の野外劇を上演している。

昔、「でっかいどう、北海道」というコマーシャルがあったけれど、常識はずれなほどの大きい夢や目標を持ち、とんでもない規模を誇っているのが北海道ならではの特徴で、他の地域にはこういう活動は見当たらないのだ。

もうひとつは、とてもオリジナルな活動だということだ。「ＹＯＳＡＫＯＩソーラン祭り」の本家本元は高知の「よさこい祭り」だが、それを札幌でやろうという発想がオリジナルだ。「江差追分会」が全国大会を開催したり、江差追分会館を建設したことも、当時としては前例のない試みだった。「昭和新山国際雪合戦」も「函館野外劇」も然り。置戸町《おけとちょう》では、木材の町として栄えた歴史を見つめ直そうと、三百キロの木材を馬橇《ばそり》に乗せて、人間がひっぱる「おけと人間ばん馬」を二十年以上開催している。そのほかの受賞者も、北海道のものはすべて、「そういうこと、普通、考えつきます？」というぐらい非常にユニークでオリジナリティが高く、時代を先駆けたものばかりなのだ。

　最後が、よそ者リーダーが多いことだ。長谷川さんはその後、二〇〇七年まで「ＹＯＳＡＫＯＩソーラン祭り」のリーダーとして祭りを牽引していくのだが、彼は愛知県の出身だ。「函館野外劇」のリーダー、フィリップ・グロードさんはフランス人の神父さんだし、同じ函館で、ドイツ人のカール・ワイデレ・レイモンさんもハム・ソーセージづくりで受賞されている。地域文化賞には地域の味覚創出部門もあるのだ。福島県の「コスキン・エン・ハポン」の項（二二一頁）で紹介する「札幌こどもミュージカル」のリーダー、細川眞理子さんと岩城節子さんは長崎出身の姉妹。「昭和新山国際雪合戦」のアイディアを出し、その後壮瞥町長も務められた山中漠さんも、統括をされている庵さんも壮瞥町の生まれではない。

　全国の地域文化賞受賞者百八十九団体のうち、Ｉターン者、つまりよそ者がリーダーになっているところは十六件しかいない中、北海道だけ、外国人を含むよそ者リーダーの数が群を抜いて多い。やはり、開拓者魂のなせる技なのだろうと思う。四代か五代前を辿れば、全員がよそ者だった北海道では、親から子に伝わる、よそ者を排除する感覚が育ちにくかったと思う。むしろ、誰もがお互いに助け合わなければ生きていけない。また、誰かが何かを一生懸命にやっていれば、それが地域にとってもいいことであれば一層、相手がよそ者であろうと関係なく協力する。古くからの仕来りやしがらみに縛られない分、是々非々でものごとを判断する気風が、北海道には息づいているのではないだろうか。また、無理かもしれないとびるような人に、極寒の北の大地の開墾などできやしない。チャレンジ精神に溢れているのだ。前人未踏の地域文化の新しい地平を開拓するのが、北海道の地域文化活動なのだ。

全国に広がる参加型の祭り

「YOSAKOIソーラン祭り」の特徴は、一言で言って、参加型だということだ。氏子だとか、町内会だとかの枠に縛られず、誰でも、一定のルールに従えば参加できる。基本のルールは、手に鳴子を持つこと、曲には北海道の民謡「ソーラン節」にちなみ、「ソーラン、ソーラン」という言葉を必ずワン・フレーズ入れること。あとは曲も振り付けも衣装も、すべて参加する人たちの創造性に委ねられている。このルールは高知の「よさこい祭り」と同じである。高知の場合は、「よさこい、よさこい」をワン・フレーズ入れる。

誰でも参加できる祭りということ、自分たちの創造性を活かせる自由な踊りができるということが魅力になったのだろう。そして、北海道には、伝統的な夏祭りが少ないということもあったのかもしれないが、祭りの参加者は年々増加していく。当初は札幌市内の参加者がほとんどだったが、道内各地から参加チームが増えていく。

実はその背景には、道内を巡るキャラバン隊を組織して、各地で参加を呼びかけるという、長谷川さんたちの地道な努力もあった。祭りが始まって三年目の一九九四年から九六年まで、二年間で二百回以上キャラバンを行い、踊りを披露し、説明会を開き、参加を呼びかけた。その結果、九七年には、札幌市以外の道内参加チームが百を超えた。道内のチーム数の増加に伴い、道内十五のエリアで支部が結成された。そして支部ごとの大会が開催され、支部内のチーム同士が協力しあう体制も生まれた。

また、九六年からは道外への勧誘も始める。大学ネットワークを活用して全国の大学にチームの結成と参加を呼びかける一方、地域活性化の一環として関心を示した各地の青年会議所や商工会青年部などに、「六月でもカラッと晴れた、梅雨のない北海道で踊りませんか?」を宣伝文句に、地元でチームを結成して派遣するよう積極的に勧誘したそうだ。長谷川さんに、全国展開はいつ頃から意識しだしたのかと聞いたところ、最初からだと言う。だから、過去十年間のお天気の記録を調べ、一番雨の少ない六月第二週を開催日に選んだという。本家の「よさこい祭り」が高知県内だけで行われていた時期に、だ。それも、第一回の開催さえもできるかどうか分からなかったのに、だ。本当に、ものすごく先見の明がある戦略家なのか、もしかしたらただの世間知らずだったのかと呆れるばかりだ。

その結果、六年目で「YOSAKOIソーラン祭り」は、本家の「よさこい祭り」を規模においてしのぎ、十年目には四万人の踊り手と二百万人を超える観客を動員するようになり、地域活性化の救世主のように注目され始めた。踊りたいと思った人たちがチームをつくって「YOSAKOIソーラン祭り」に参加する。その人々が中心になって、各地で同種のイベントが始まる。活性化を期待して、地元自治体や商店街も応援したり協力する。こういう現象が全国で起きたのだ。現在、よさこい系の祭りは、全国に二百以上あるという。

ここでもうひとつ面白いのは、これらのよさこい系の祭りが互いに連携しあい、ネットワークを広げつつあることだ。それはおそらく、「YOSAKOIソーラン祭り」が本家の「よさこい祭り」に敬意を表し、礼を尽くしていたことが基になっているのだと思う。毎年、事務局が高知を訪れ、学生スタッフがボランティアスタッフとして現地のお手伝いをしていた。「YOSAKOIソーラン祭り」に倣って九六年頃から相次いで誕生した、名古屋の「にっぽんど真ん中祭り」、津の「安濃津《あのつ》よさこい」などが、兄貴分の「YOSAKOIソーラン祭り」に対して同じように礼を尽くし、お互いによそのお祭りのトップチームを招いたり、ボランティアスタッフを派遣しあったり、どこかが始めた優れた仕組みを取り入れあったりと、地域を超えたつながりが生まれている。

他の文化活動やお祭りなどで、全国にこのようなネットワークが生まれているという例を私はまだ知らない。アマチュア合唱連盟とか演劇連盟といったものとも、ちょっと違うタイプのものだと思う。もっと密接に、実質的に助け合い、学び合い、競い合い、お互いに貸しや借りをつくっては返し合う、そんな感じなのだ。

自己負担の原則

参加型の祭りであることと関連するもうひとつの特徴が、参加者負担の原則だ。地域活性化のために自治体などが始めた祭りやイベントでは、参加者に日当を支払うところがある。また、伝統と格式はあるけれど、過疎と高齢化によって担い手がいなくなり、学生アルバイトを雇ったり、自衛隊に協力を要請している祭りもある。しかし、「ＹＯＳＡＫＯＩソーラン祭り」では、祭りを支えるのは踊り子自身であるという意識から、各チームが参加費を支払っている。企業がスポンサーになっているチームの参加費は二十五万円、道内の一般チームは十五万円、道外チームは十万円の参加費である。高校生以下のキッズチームは無料だ。

この祭りではほとんどのチームが自分たちのオリジナルの曲、振り付け、衣装で踊るので、その制作費も馬鹿にならない。多くのチームがプロのミュージシャン、プロの振付師を雇っているし、音楽の録音のためのスタジオ代や技術者への謝礼も必要だ。またパレードには、四トントラックに発電機と大型スピーカーを積み、大音量で音楽を流す地方車《じかたしゃ》という車が必要になる。バブルの頃には、電飾ギンギラの地方車も登場したし、和風で渋い趣だけれど、明らかにお金のかかっている地方車もあり、これらの制作費と諸費用はかなりの額になると思う。

それに加えて、札幌市内以外のチームには旅費がかかる。近年ではますます道外からの参加者が増え、東北、関東、北陸、近畿、遠くは九州地方から参加しているチームもある。一チーム百名以上のところもざらにあり、交通・宿泊および食費にかかる費用が何百万円にも上るところが少なくはない。地元の自治体や商工会がサポートする場合もあるが、踊り子の個人負担もそれなりの額に上る。それだけの負担をしても参加したいくらい、札幌で踊ることは魅力的なのだろう。札幌は、道外の人たちにとっては人気の観光地であり、道内の人にとっては地域最大の大都市だ。その札幌の中心部で、大勢の観客の視線を浴びながら踊れる晴れの大舞台なのだ。

一方で現在の主催者である組織委員会は、祭りに関係する業者にも、応分の負担を求めているのがちょっと面白い。祭りを食い物にして儲けるばかりではなく、祭りで得た収入のうちいくらかを還元して、祭りを支えるように要求しているのだ。それぞれのジャンルで協賛金を拠出してくれた業者を賛助企業に指定し、各チームが優先的に賛助企業に仕事を発注できるように紹介する仕組みもある。

ＮＨＫをはじめ、祭りを中継するテレビ局から放映権料をもらっているのもユニークだ。普通のイベントは、テレビで紹介してもらえるだけでも大喜びで、放映権料をもらうという発想はないのではないだろうか。それを、海のものとも山のものとも分からない、第一回目から要求していたのだから、信じられないほど強気だし、したたかだ。

こうした「ＹＯＳＡＫＯＩソーラン祭り組織委員会」に対して、ときどき耳にする批判は〝金儲け主義〟である。賛助企業の指定や広告収入、放映権料の問題、あるいは有料桟敷席の設置など、槍玉に挙がるものは様々である。組織委員会が収入を増やそうと努力しているのは事実だが、それは儲けるためではない。行政の補助金に頼らず、自己資金で祭りを続けていくためなのだ。行政の懐具合が悪くなったり、行政に逆らったために補助金を切られて、そのために祭りを続けられなくならないようにするための、資金集めだ。要するに、祭りそのものを、できる限り主催者の自己負担で開催しようとしているのだ。こういうことを、当時二十代の若造だった長谷川さんたちが考えたのだから、やはりあっぱれだと思う。

競馬ファンのおっさんのように

さて、「YOSAKOIソーラン祭り」に足掛け十五年も通い詰めると、贔屓のチームがどんどん増えていく。参加している二百数十チームの中で、名前と踊りの特色がだいたい思い浮かべられるチームが、数えてみると四十以上あった。大阪で暮らしていると、飲み会の話題にしようにも、他の人たちは誰も知らない名前ばかりだ。日常生活でまったく何の役にも立たない知識である。

六月第二週の後半が祭りの開催期間で、金曜日から札幌入りすることもあるし、土曜日のお昼頃に着く場合もある。着いたら、朝から晩までどっぷりYOSAKOI漬けである。ここ十年くらいは、私と同じように「YOSAKOIソーラン祭り」にハマってしまった東京の友人と通っている。札幌で合流して、ホテルのロビーなどで二人で最初にすることは、どの会場で、いつ、どのチームが踊るか、三十分刻みですべて紹介されている新聞「よさこいタイムス」をじっくり見て、その後の行動予定を決めることである。

会場は、二〇一三年現在で十七カ所ある。一カ所で二会場のところもあり、全部合わせると二十会場を超える。ボールペンやマーカーを手に、新聞を見ながら贔屓のチームに印をつけていく。そして、この時間帯に大通りの南コースで見ると、有名チームが七つくらい見られるとか、この会場からあの会場まで、二十分では移動するのは無理とか、このチームは、明日、こっちの会場で見たほうがいいんじゃないとか相談していると、初めて参加した別の友人に言われた。

「あんたら、競馬新聞を見ながら、どの馬に賭けるか相談しているおっさんみたい」と。

いや、その通り。北海道までわざわざやってきたのだから、限られた時間の中でできるだけたくさん好きなチームを見たい。お金も時間も「賭けて」いるわけだから、こちらも競馬ファンのおっさんたちと同じくらい真剣そのものなのだ。場合によっては、お昼ご飯はコンビニのおにぎりなどで済ませながら、一日中駆けずり回っている。

街が舞台だ!

さて、スケジュールが決まると、街に繰り出す。最近でこそ、地球温暖化のせいで北海道にも梅雨が来るようになったと言われ、雨にたたられることも増えてきたが、本格的な梅雨のさなかにある関西からやってきてお天気に恵まれると、抜けるような札幌の青空に感動する。乾燥した空気が本当に清々しく、吹き抜ける風さえもきらきら輝いているように感じる。

踊りを見に行く場所の基本はやはり大通りだ。高層ビルと青々と茂る街路樹が素晴らしい舞台背景になっている。「街が舞台だ!」という「ＹＯＳＡＫＯＩソーラン祭り」のキャッ

2014年ジュニア部門で大賞を受賞した「郷人こめら」(福島県)

チフレーズにふさわしい場所だと思う。すぐ目の前で踊りが繰り広げられるのも嬉しい。踊り子一人ひとりが、よく見える。

踊り子の年齢はかなり幅広い。きょとんとして地面に座っているだけの置物状態の乳児も、ちゃんと他のみんなとお揃いのハッピを着ている。よちよち歩きの幼児が、リズムに合わせてお尻をふりふりしている様子はなんとも愛らしい。小学生くらいになるとかなり本格的に踊る。チーム全員がバク転や宙返りをばんばん披露する中国雑技団のようなすごいチームもあるし、郷土芸能を取り入れて堂々と演じている子どもたちもいる。また、華のある子、踊りの才能がある子は、年齢にかかわらず、どんなに大勢の中でも目立っていて、観客の注目を集めているのも面白い。

学生だけの大学生チームや高校生チーム、平均年齢六十八歳という「ばばあＹＯＳＡＫＯＩ」というチームもあるが、職場単位、地域単位のチームは、子どもからお年寄り、若者や中高年も混じった混成チームが多い。あのおじさん、踊りはどうしようもなくヘタクソだけど、楽しそうに踊ってるなぁ。会社ではけっこうお偉いさんだったりすると、どんなにヘタでも部下は文句言えないんだろうなぁ。目の前の青年の踊りはものすごく決まっている！でも、地元では不良だとか、ちゃんと働けとか、いろいろ言われてたりしてといったふうに、見ていていろいろ想像せずにはいられない。一度、かなり大きなお腹を抱えた妊婦さんが踊っていてびっくりしたことがある。きっと、まわりに猛反対されたと思う。でも、どうしても出たいとみんなを説得したんだろう。頑張れ、踊るポンポコリン！

地域文化のフランチャイズ化

トップクラスのチームの中には、企業がスポンサーとなって踊り子を募集したり、企業が大学と連携して結成したものもあるが、自治体や商工会などがスポンサーとなっている地域単位のチームもいくつかある。そうしたチームは、ホームグラウンドである地元だけでなく、招かれて各地のイベントにも出演することが多いので、地元以外にも幅広いファンを持っている。チームが地元をＰＲする地域の顔となっているのだ。また、チームの踊り子は地元の人だけではなく、このチームに入りたいと言って、他地域から集まってきた人たちも多く含まれている。野球やサッカーなど、プロ・スポーツの世界によくある地域フランチャイズ制に似ている。それが、アマチュアの文化の世界に起こっているということが、とても興味深く感じられる。次に代表的な二つのチームを紹介する。

北海道最北の宗谷地方に位置し、毛ガニの漁獲量日本一を誇る枝幸町《えさしちょう》。この町をホームとする「夢想漣《ゆめそうらん》えさし」は、一貫して海をテーマとした踊りをつくり続けている。後半で全員が両手に白い扇子を持ち、開いたり閉じたり、くるくると回したり、翻したり、フィナーレに向かって扇情的に盛り上げていく独特の踊りで人気のチームだ。二〇一〇年と二〇一一年に大賞を受賞している。

チームの発足は一九九六年。その前年、仕事で札幌を訪れた石岡武美さんがたまたま「YOSAKOIソーラン祭り」を見て、「これだ！」と直感したそうだ。この祭りを通じてわが町をPRしたい。町に帰った石岡さんは、さっそく仲間を集めてチームを立ち上げた。集まったのは全員枝幸町民で、総勢約八十名だった。ところが、チーム結成から五～六年たった頃、石岡さんはこのままではジリ貧だと感じ始めた。人口九千人弱の町では若い人が少なく、新規参加よりもやめていく人のほうが多い。そこで、札幌でテレビ・ラジオを通じて踊り子募集のコマーシャルを打ったのだ。

「夢想漣えさし」の白い扇子はカモメと波頭をイメージしている

現在、「夢想漣えさし」の踊り子は、十七歳から四十八歳まで総勢百数十人である。そのうち、枝幸町在住者は二十名ほど。大半が札幌在住者だ。しかし、枝幸町出身者や、父や母の実家が枝幸町にあるなど、町に縁のある人が半分くらいいる。通常の練習は、枝幸、札幌、旭川などの拠点で行い、合同合宿と出陣式は枝幸町で行うほか、町のイベントに出演したり、何かと枝幸町に集まる機会は多い。

チームを通じてふるさととのつながりを保ったり、深めたりする人、何度も町に通ううちに、枝幸町が第二のふるさととなっている人もいるそうだ。また、招かれて各地で演舞を披露するときには、枝幸町の海産物を販売するブースを設け、踊り子が売り子に早変わり。枝幸町とその物産のＰＲに余念がない。

石岡さんは言う。

「「ＹＯＳＡＫＯＩソーラン」は、町をＰＲするための手段だよ。でも、うちの踊り子たちがかわいくて仕方がない。今は、俺にとって、「ＹＯＳＡＫＯＩソーラン」は生きがいだなぁ」

札幌駅から車で十分あまり、マンションや飲食街が立ち並ぶ平岸《ひらぎし》中央商店街をホームとする「平岸天神」は、第二回の「ＹＯＳＡＫＯＩソーラン祭り」から参加している。これまでに大賞八回、準大賞七回という輝かしい受賞歴を持つことから、〝王者〟と呼ばれることもある。

このチームは、平岸中央商店街が地域から文化を発信しようと、踊り子を募集して結成したものだ。結成当初の踊り子は、地域内にある大学の学生や企業で働く人、地元周辺の住人が中心だった。ところが、正調ソーラン節にこだわって北海道らしさを追究し、若々しいエネルギーに溢れながらも一糸乱れぬ見事な踊りに評価が高まるにつれ、外部からの参加希望者が増えていく。「平岸天神」のモットーは、４Ｓ、「speed スピード」「sharp 切れの良さ」「strong 力強さ」「smile 笑顔」だ。

巷には、「平岸天神」に入るにはオーディションがあるとか、一軍と二軍があるとか、年会費は十万円以上とか様々な噂が流れている。が、代表の村井優美子さんに伺うと全部嘘だそうだ。強すぎるが故の、伝説みたいなものか。平岸地区以外の踊り子が大半になった時期はあったが、一九九八年に地元の子どもたちを中心にジュニアチームを結成し、その子どもたちが中学を卒業すると自然に「平岸天神」に参加するようになったので、近年は再び地元のメンバーが増えているそうだ。

「夢想漣えさし」の石岡さんがプロデューサーまたはオーナーだとすれば、プロデューサー兼ディレクター兼マネージャーである村井さんは、

「メンバー一人ひとりの個性を、どう伸ばしてあげられるか。そればっかり考えているの」と語る。お二人には共通して、若いメンバーたちへの温かい愛情を感じる。ちなみに、石岡さんは電気工事会社の社長さんで、村井さんは平岸商店街の喫茶店のママさんだ。

「YOSAKOIソーラン祭り」の最終日、平岸商店街が会場のひとつとなる。地元の人たちが自主運営する会場だ。平岸街道が車両通行止めになり、上下二車線で六十チームほどがパレードを行う。沿道には多くの観客が集まってくる。地元の商店主たちが「平岸天神」のロゴが入った団扇を配って応援している。もちろん、「平岸天神」も、「平岸天神ジュニア」も、本隊を引退したOBたちによる「平岸天神マスターズ」も出演する。彼らが登場すると、観客から一際大きな拍手と声援が飛ぶ。地元チームとして、本当に愛されているんだなぁと

思う。

踊る阿呆に、見る阿呆

私が「YOSAKOIソーラン祭り」に通い続ける最大の理由は、もともと踊りが好きだということだと思う。観るのは大好きだし、自分が踊るのも好きだ。映画「Shall we ダンス？」を観て、社交ダンスを始めてしまったくらいだ。次が、お祭り全般が好きだということ。三番目は、この祭りが、地域文化のケーススタディとして、とても興味深いということだと思う。地域発のイベントで、この祭りほど急成長し、全国に波及効果を及ぼしたものは他にあまり例がない。先に、全国に二百近いよさこい系の祭りがあると紹介したが、地域の祭りやイベントの中で、よさこい系の踊りが数チーム演舞するだけのものも含めると、それこそ数え切れないほどある。

少し似た地域文化活動として唯一思い浮かぶのは、地域を舞台にした現代美術のイベント、「越後妻有《つまり》アートトリエンナーレ」とそれに続く「瀬戸内国際芸術祭」だ。前者は二〇〇〇年に、後者は二〇一〇年に始まり、ともに数十万人の観客を動員している。二〇一三年の「瀬戸内国際芸術祭」の入場者数は百万人を超えた。この成功に刺激されたのか、地域の原風景を活かしたモダンアートのイベントが、ここ十年ばかりの間に全国に二百カ所以上誕生している。

ただ、震源地となったイベントは、ベネッセという大企業がスポンサーであり、現代美術のプロデュースを職業とする人が企画し、プロのアーティストの作品を展示する有料の美術展だ。ところが、「YOSAKOIソーラン祭り」の場合は、ズブの素人、それも大学生がプロデュースした祭りであり、丸抱えしてくれるスポンサーはない。それなのにアマチュアの踊りを見るために二百万人もの観客が集まる。二百万人というのは、札幌市や札幌観光協会が中心となって開催する「さっぽろ雪まつり」に肉迫する数字なのだ。

なぜなのだろう。いろいろなことが思い浮かぶが、その中でひとつだけ挙げるとすると、この祭りは、実は日本人が好きなタイプの祭りだったからではないかということだ。「踊る阿呆に、見る阿呆」という阿波踊りの歌詞ではないけれど、日本人というのは、プロの芸術を鑑賞するよりも、自分で芸能を演じるほうが好きな民族なのではないかと私は常々考えている。日本発で世界に広まったカラオケも、こうした好みを反映して誕生したものではないだろうか。

地域文化賞選考の事務局を三十年務め、毎年多くの候補団体を見ていると、日本には伝統芸能の団体、アマチュア芸術団体が恐ろしくたくさんあることに気づかざるを得ない。ふと興味を抱いて調べてみたのだが、三万以上と言われる伝統芸能のグループがあり、アマチュア合唱団にいたっては数万は存在するらしい。全日本合唱連盟によると、この数はおそらく世界にも例をみないものだそうだ。一方、アマチュア劇団は結成・分裂・解散が激しく、また近年はプロデュース制が増えたために、把握できる劇団数は二千に満たないそうだが、演劇人口は着実に増えているとのこと。様々な種類の楽器奏者を揃えなければできないアマチュアオーケストラも千くらいあるそうだ。

この数字はそれぞれの連盟などに問い合わせて伺ったのだが、その際必ず、「よく分からないのですが」とか「定義にもよるのですが」という前置きがあった。つまり、非常にざっくりとした数字だ。だけれども、それにしても多い。日本の市町村の数は一七一九だから、ひとつのまちに、伝統芸能か合唱団、劇団、オーケストラが四十〜五十団体は存在する計算になる。そのほかにも和太鼓の団体は数多く存在するし、ジャズやロック、フォルクローレ、美術、文芸の団体などもあるわけだから、それらを全部合わせるととんでもない数に上る。

ここに踊りが加わった。それまでの盆踊りや神事として奉納される伝統的な踊りに比べて、よさこい系の踊りは、誰でもチームを結成することができるし、チームに入る条件も地縁や血縁に関係なく、踊りも全く自由だ。さらに、どの地域でつくったチームであっても、札幌や高知のお祭りに参加できる。踊りたい人が、自分たちが踊りたい踊りを踊れる。「踊りたい」という思いがありながら、その機会を得られなかった人たちに受けたのではないだろうか。

日本は国の文化予算が欧米やお隣の韓国などに比べてもかなり低いことがよく指摘される。だが、だからと言って、日本の文化のレベルが低いわけではない。国の文化予算がほとんど使われてこなかった漫画やアニメは、世界一のレベルを誇っている。同じく補助金などを当てにせずに営々と続けられてきた伝統芸能や、演劇、音楽などの地方の文化活動も多彩で豊かであり、国際的なコンクールで優勝する合唱団や劇団がいくつもあるくらい質も高い。

ある意味で、日本はアマチュア文化大国なのだと思う。プロの芸術活動をサポートしたり、国民や住民が芸術を鑑賞するために使われる税金は少ないかもしれないが、日本人が自腹を切って支えてきたアマチュア文化活動は、世界的に見ても例がないくらい多様で、質が高く、活発なのだ。昔から、ずっとそうだったのだと思う。今でも祭りで奉納される芸能には、花代として多くの寄付が寄せられ、寄付者の名前と金額を書いた紙がずらーっと壁に貼られている。地歌舞伎などでは、大量のおひねりが舞い飛んでいる。演じ手だけでなく、こういう地域の人たちも文化を支えているのだ。

「ＹＯＳＡＫＯＩソーラン祭り」のファイナルステージを生で見れば、そのレベルの高さに誰もが驚く。二百チーム以上の中から選ばれた十チームである。百人を超えるアマチュアが、わずか五分間の踊りのために一年間心血を注げば、どれだけのことができるか見せつけてくれる。大通り公園に設置された野外ステージの上で、色とりどりの衣装を身に着け、強い照明を浴びながら人々が舞い踊る。

全員での大迫力の群舞もあれば、上手や下手にさっと人が吸い込まれ、舞台に残った少数の人々が研ぎ澄まされた演舞を見せたりもする。円を描いたり、縦に横に並んだり、交差したり、様々なフォーメーションが組まれている。衣装の早変わり、大掛かりな仕掛け、アクロバティックな振り付け、あっと驚くような演出もある。コストを考えなければならないプロにはなかなか真似のできない舞台だと思う。そういう高いレベルの踊りがあるからこそ、自分たちもああいう踊りをしたいという人たちが増えるし、見て楽しみたいという人も増えるのだと思う。

進化し続ける祭り

地域文化のケーススタディとして面白いもうひとつの特徴は、この祭りが、毎年何か新しいことを取り入れたり、問題があったところを改善したりしていることだ。常に進化し続ける祭りなのだ。私はこの本の中で、守旧的な伝統文化をかなり批判しているが、その対極にあると思う。それは、伝統のない、新しい祭りだからこそできることではある。

だが、十年や二十年くらいの歴史しかない祭りやイベントでも、一度成功してしまうと、そのパターンを守るだけになってしまっているところをよく見かける。成功した自分自身をコピーするコピー生産だ。コピーを続けていくと、画像がどんどん荒れていくのと同じように、人々を感動させたかつての輝きは色あせ、次第に飽きられてしまう。やっている人たちからも、かつてのような目の輝きが消えていく。常に、もっと良くしよう、悪いところは直そうと思い続けるのは難しいことだと思うが、「ＹＯＳＡＫＯＩソーラン祭り」はそれを続けている。

主催者である組織委員会や事務局は、様々な改革、新機軸を毎年打ち出している。たとえば、私が審査員をしていた十年くらいの間にも、審査方法や審査基準の見直しが毎年のように行われていた。比較的近年、ジュニアチームのコンクールが始まった。初めの頃、ファイナルステージの審査はステージでの演舞だけだったが、祭りの基本は街を舞台としたパレードだということで、パレードとステージの二本立てにした。空席の目立った大通り沿道の有料桟敷席も、一部無料開放した。

また、二〇〇六年から、各ブロックの二位チームによるセミファイナル審査も始めた。クジ運悪くブロック一位になれなかったチームのレベルも、近年はものすごく高いのだ。そして二〇一三年からは、セミファイナルの優勝者にファイナル審査への出場権を与えた。すると、この年、ブロック二位に甘んじていた王者「平岸天神」がセミファイナルで勝ち上がり、ファイナル審査で見事準大賞に輝くという大逆転劇を演じてみせたのだ。

こうした改革の多くは、北海道内の支部長が集まる支部長会議を中心に、踊り子側の要望を取り入れて行われている。カリスマ的な指導力でひっぱってきた創設者の長谷川さんが二〇〇七年に抜けた後、祭りの運営は集団合議制に移行しつつあるのだと思う。その際、このお祭りを北海道の祭り、自分たちの祭りとして、道内のチームが力強くそれを支えているように感じる。

ところで、「YOSAKOIソーラン祭り」で活躍したことのある人たちの中から、すでに七人の市町村長が誕生し（うち北海道内は五人）、地方議会の議員もどんどん誕生している。実は長谷川さんも二〇一〇年に北海道選挙区から参議院議員に立候補して当選している。全国の地域文化活動のリーダーたちで、仲間に推されて、首長や議員になった例は数多い。彼らは活動を通じて改めてふるさとを深く知り、郷土愛を芽生えさせると同時に、改善すべき課題にも多くぶつかる。人脈はそれまでとは比べものにならないくらい広がる。そうした経験の中で長谷川さんは、「政治を変えないと地域はなかなか変えられない」と感じたそうだ。

長谷川さんと同じように政治意識に目覚めた人々が、リーダーとして築いてきた人脈や信頼関係を基に、政治への道を歩み始めている。今後彼らのバックアップを受けながら、北海道の祭りとして「YOSAKOIソーラン祭り」がどのように進化していくのか、楽しみでもある。

二〇〇〇年の夏、長谷川岳さんと高知の「よさこい祭り」にご一緒した。その後、共通の友人で、四万十川の上流でインターネットを活用しながら農業を営む畑俊八さんのところに遊びに行った。四万十川の河原でバーベキューをしながら水遊びをして、のんびりとした午後を過ごしていた。

「この河原は、ついこないだまで「よさこい」の練習をする若い人らぁでいっぱいやった。けど、今は高知市内で祭りがはじまっちゅうきに、静かなもんや」

と言う畑さんの言葉に、長谷川さんが次のように漏らした。

「北海道では、河原とか公園で練習すると、うるさいと苦情が来るんです。だから禁止しているんですけど、本番が近づくと、ちょっとでも練習したくてこういう場所で練習する人が後を絶たなくて」

「ふーん。そっちでは、まだ祭りが風景になっとらんのやな。高知では、夏になったら蟬がうるさいのとおんなじように、祭りの練習でうるさいのはしょうがないち、みんなあきらめちゅうきに」

「参りました！」というのが、長谷川さんと私の正直な感想だった。高知の「よさこい祭り」は、一九五四年に誕生し、当時すでに五十年近い歴史を持っていた。対する「ＹＯＳＡＫＯＩソーラン祭り」は十周年すらまだ迎えていなかった。地域住民の大半が生まれる前からあり、地域にしっかりと定着した〝祭り〟となっている高知の「よさこい祭り」と、始まったばかりの〝イベント〟に過ぎない「ＹＯＳＡＫＯＩソーラン祭り」の違いがここにはっきりと現れている。

二〇一三年、「ＹＯＳＡＫＯＩソーラン祭り」は第二十二回を終了した。この年の大賞に輝いた「粋～ＩＫＩ～北海学園大学」のメンバーたちの大半が生まれる前から、この祭りが続いていることになる。さらに「粋」は、祭りとほぼ同じ二十一年の歴史を持つ王者「平岸天神」を、ブロック予選とファイナル審査での二回、打ち破っている。

これからどんどん、若い世代の素晴らしいチームが誕生してくるだろう。そして、あと三十年もすれば、この祭りも地域に定着した立派な祭りになっているだろう。そして百年後には、伝統的な北海道の祭りとして大切に受け継がれていることを心から期待している。

小さな町の大きな挑戦
——北海道江差町「江差追分会」

民謡の最高峰

〽かもめの鳴く音にふと目をさまし
あれがエゾ地の　山かいな

江差追分《えさしおいわけ》の中でも最も有名なこの歌詞は、字数にして二十六文字。正調江差追分は、これを七節に分け、一節をひと呼吸で唄う。そして二分二十秒から二十五秒の間に唄い終わるものとされている。

と、口で言うのは簡単だけれど、とても素人に唄えるものではない。息継ぎの場所が決まっていて、「かもめぇぇぇぇぇぇぇぇ」という感じで、「え」の音をひっぱる「もみ」とか、お腹に力を入れて、波のうねりのように声を前に出す「のし」とか、独特な決まりと技法がある。難易度といい、格調といい、深い情感といい、知名度といい、江差追分は民謡の最高峰と言われ、民謡を嗜む人の多くが、いつかは江差追分を唄えるようになりたいと目標にする。そして、自分の唄に自信がついたならば、次に目指すのは本場・江差での全国大会出場であり、そこで江差追分日本一の座に輝くことだ。それはつまり、民謡の日本一と言っても過言ではないのである。

江差追分全国大会

二〇〇五年の「江差追分全国大会」のことだった。飛行機で函館空港に降り立ち、函館から電車を乗り継いで約二時間。江差駅から全国大会が行われている江差町文化会館まで歩いた。町のあちこちに大会の幟《のぼり》が立てられている。海から吹く強い風をこのあたりでは「たば風」と呼ぶのだが、そのたば風に煽られて、幟がパタパタと音をたててはためいている。ほとんど人通りはない。たぶん、大会出場者はみんな、車で来るのだろう。地方では、地元の人たちはみんな車で移動するから、歩いている人は少ないのだろう。

着いた日は大会二日目だった。お昼過ぎに着いて、夜十時頃までずっと予選を見た。翌日が大会最終日。午前中は、一日目と二日目の予選を勝ち抜いた人たちによる決選会が行われた。その審査を待つ間、過去の優勝者によるアトラクションなどが行われ、その後、いよいよ結果発表だ。十位から順番に名前が呼ばれ、最後に優勝者の名前が読み上げられた。会場から、一人の男性がステージに上がっていった。号泣している。タオルを目に押し当てているので、前が見えない。ステージ上をよろよろと、あらぬ方向にさまよい始めた。あわてた司会者が腕をとって中央に連れてきた。観客からは大きな拍手が送られている。

男性の名前は、播磨《はりま》孝雄さん。三十五年間、江差追分を唄い続け、前年は三位、その前年は七位だった。六十二歳になったので、一般の部に出られるのはこの年も含めてあと三回限り。それ以降は熟年の部での再スタートとなる。ところが、決選会のステージで二度ミスをした。播磨さんは今年も駄目だったとあきらめて、衣装を脱ぎ、ジーパンとトレーナー姿でくつろぎながら結果発表を聞いていた。そこへまさかの優勝。だからこその号泣だった。

近年は張りのある声を持つ若い女性の優勝が続き、男性の優勝は十年ぶりとのこと。播磨さんのたっての希望で着替えのための少しの休憩をはさみ、紋付袴姿で優勝者の唄が披露された。播磨さんの三十五年にわたる追分人生が詰まり、万感の思いが込められた唄は、圧巻だった。

全国大会の出場者は約四百人。一般の部と熟年の部、少年の部がある。この出場者たちは、海外五支部を含む百五十九支部、四千人近くの会員の中から、地区予選での厳しい戦いを潜

2013年の少年の部優勝者は10歳の少年

り抜けて江差町に集まってきているのだ。一日目と二日目は予選会。朝九時から夜十時頃まで次々に唄い続ける。全国大会の様子は、有線放送で町中に流されている。つまり、町中どこにいても、朝から晩まで、いやでも江差追分が聞こえてくるのだ。さらに、インターネットではライブ映像も流されている。江差追分には数百種類の歌詞があるが、出場者のうち九割くらいは「かもめ……」を唄う。つまり、延々と同じ唄が繰り返されるのだ。前述したように、正調江差追分には細かい規定があるから、みんな似たような唄になるかと思えばさにあらず。

小学校の一年生から中学生による少年の部では、大人と同じような袴姿の少年が、ボーイソプラノで立派に追分を唄いこなして会場をうならせる。もちろん、少女もいる。よそ行きのワンピースや振袖を着て、細い足を踏ん張って、お腹の底から声を出している。裸足で唄っているワイルドな少女もいた。司会者に、「どうして裸足なの？」と尋ねられると、唄っているときとはまったく違う小さな声で、「そのほうが声を出しやすいの」と答えていた。

近年なぜか、この少年の部の出場者が増えているそうだ。それも北海道外からの参加が増えているという。これから若い世代に江差追分ブームが起きる予兆なのかもしれない。それにしても、なぜこんなに渋い趣味を持つ子どもが増えてきているのか、不思議だ。

熟年の部は六十五歳以上（ただし、二〇一三年以降は七十歳以上に変更）だが、八十歳以上の方も珍しくない。二〇一三年には九十四歳の女性も出場している。この方は、仕事や子育てを終えた六十歳から唄い始めたそうだから、こんにちの長寿社会において、元気で楽しく長生きするためのお手本のような方だ。熟年の部は、一般の部の出場者に比べて声量や声の張り、伸びではやや劣るが、その方たちが送ってきた人生を感じさせるシブミや味、情感が漂っていて、私は熟年の部がとても気に入っている。一般の部、少年の部、熟年の部、どの部もさすがに皆さん、地区大会を勝ち抜いてきたつわものばかりなので、技量が優れているばかりではなくて個性に溢れていてまったく聞き飽きない。

芸能学の大家・三隅治雄氏は、江差追分会再興五十年記念誌『風濤成歌』で、「聴き手を問わず、思いのままに歌って気分を高揚させるのが民謡なら、技術を駆使して巧みにうたい上げて聴き手の感動を誘うのは、芸の技術、すなわち芸術である。現在の「江差追分」は、まさにその芸術化された歌曲の性格」を持つと指摘している。江差追分は、聴き手のための歌だから、ずっと聞いていても飽きないのだ。

緊迫感溢れる決選会

予選会でも十分楽しめるが、三日目の決選会ともなれば、一段とレベルが上がる。ここに出場できるのは熟年の部の二十五人と一般の部の五十人だけである。唄い手本人と伴奏の尺八奏者、「ソイ」「ソイ、ソーイ」という合いの手を入れる「ソイ掛け」の三人一組で舞台に上がる。出場者が出入りするため、会場内の空気はややざわついた雰囲気があるのだが、優勝候補と目されるような人が登場すると雰囲気が一変する。

会場となっている江差町文化会館には、三千人あまりの人が集まっている。だが実は、そのうち半分以上は尺八、ソイ掛けも含めた出場者たちで、残りが出場者の家族やお師匠さん、江差町内外の追分愛好者である。要するに、私と違って「通」ばかりなのだ。だから上手な人が出ると、急に会場が静かになり、みんな、固唾を呑んで聞き入っている。場内にピーンと張り詰めた空気が漲《みなぎ》る。難しい節まわし、山場となる所を見事に唄いきると拍手が湧く。そして最後まで完璧に唄い終わると、万雷の拍手喝采である。

ところが、失敗するとえらいことになる。失敗と言っても、息継ぎの場所を間違えるとか、「もみ」が足りなかったとか、私のような素人には、どこをどう間違えたのかさっぱり分からない。だが、その人が失敗したことだけはすぐに分かる。なぜならばその瞬間、会場からいっせいに「あぁ〜」という失望のため息が聞こえるからだ。これは怖い。本当に恐ろしい。どよめくようなこのため息を初めて聞いたとき、もし私が唄い手だったら、絶対にここで絶句してしまうだろうなと思った。はじめに紹介した播磨さんも、あのため息を聞いて、もう駄目だと思ったのではないだろうか。

ニシンは去っても、追分は残そう

江差町は、北海道でも最も古くから拓かれた地域のひとつである。地名はアイヌ語の「岬」を意味するという。江戸時代から明治の中期にかけてニシンの大群が近海を訪れ、江差は大漁場となった。「江差の五月は江戸にもない」と言われるほどの繁栄を誇り、北前船が往来し、ニシン御殿と言われる壮麗な屋敷も次々に建てられた。江差追分はそれより少し前に伝わったとされているが、ニシン景気の中で、漁師たちが働く浜小屋や花街の旦那衆の宴席で唄われ、ますます磨きをかけられていった。

ところが、明治中期になって、ニシンの群来がぱったりと途絶えた。江差町の経済にとって大打撃であり、まちはどんどんさびれていった。そんな中、町民たちの間に、「ニシンは去っても、追分は残そう」という気運が高まっていった。当時の追分は比較的自由な旋律で唄われていたのだが、その分、このままでは本来の姿が崩れていくおそれがあった。そういう危機感も大きな要因となっていた。そこで、一九〇九年（明治四十二）に江差追分各会派の師匠が集まって統一を目指し、その後、研究会も発足した。そして一九三五年（昭和十）に、町ぐるみで「江差追分会」を結成。正調追分の統一した楽譜をつくり、正調追分の普及に努めた。

全国にたくさんある伝統芸能の保存会は、一九七五年の文化財保護法改正によって無形民俗文化財も対象になり、町の伝統文化が文化財指定を受けたことを契機にしているものが多い。それまでは神社仏閣や仏像などの有形文化財のみが文化財指定を受けていたのだが、祭りや芸能にまで文化財保護の枠組みを広げたのだ。これは世界的に見ても画期的な制度で、二〇〇三年にユネスコが世界遺産に無形文化を取り入れ、保護条約を作成、締結する際にも、日本は過去の豊富な経験を活かして、主導的な役割を担っている。

話を元に戻すと、国から「重要な文化財である」というお墨付きをもらうと、それを担い、守ってきた人たち以外にも、地域の多くの人たちがそれを誇りに思うようになる。また、地元自治体には、保護をする責任も生じるため、それまで神事や民間伝統芸能とは関わりを持たなかった役場が保存会の事務局として、保存・継承・普及に乗り出すようになったのである。つまり、一九七五年以降にできた多くの保存会が、外からの評価が契機となっているのだが、江差追分会の場合は、内発的、自発的な理由によるものであり、かつ、非常に早い時期からの動きなのである。

その後、戦争中は江差町からも多くの青年が戦地に駆り出され、芸能も抑圧されていたため、「江差追分会」は一時活動を停止した。終戦の二年後、一九四七年に再興し、町内の成人学校や高校での指導などを始めた。「保存」を重視する派と「普及」を優先しようとする派の対立による分裂の危機を迎えたり、札幌に拠点を置く北海道追分連盟に吸収されそうになるなど、何度も苦難のときを迎える。この状況を払いのけ、江差追分の本家本元として不動の地位を築き上げるきっかけとなったのが、一九六三年に始まった「江差追分全国大会」である。

地方の町が全国の文化の中心地に

大会を開こうという話は以前からあったが、当初は、せいぜい全道大会くらいと考えていた。ところが、当時大人気だった「ＮＨＫのど自慢大会」で江差町の唄い手が江差追分を唄って優勝したことで、町が盛り上がった。そして、どうせやるなら江差追分日本一を競う全国大会だということになった。当時、ひとつの民謡だけで全国大会を開催しているところはどこにもなかった。小さな町が始めた、画期的な大冒険だったが、この全国大会のお陰で全国に支部ができ、会員数はどんどん増えていった。

現在、地方の町が、何かの文化の全国大会を開催し、その文化の中心となっている例は数多くある。本書でも紹介している福島県川俣町の「コスキン・エン・ハポン」や北海道壮瞥《そうべつ》町の「昭和新山国際雪合戦」がそうであるし、他の地域文化賞受賞者にも、岩手県陸前高田市の「全国太鼓フェスティバル」、愛媛県新居浜市の「日本のお手玉の会」、秋田県大仙《だいせん》市の「大曲《おおまがり》の花火（全国花火競技大会）」があり、近年は愛媛県松山市の「俳句甲子園」のように、ナントカ甲子園と銘打って、高校生の大会を開催しているところが増えている。

それは、その地域の文化を全国に向かって誇ることである。そして、その地域文化を通じて、全国の愛好者とつながることである。大会の日には全国から大勢の人が集まり、近年の重要な行政課題のひとつである交流人口が増加する。「江差追分全国大会」は、追分会の会員数を増加させるだけでなく、町にも活力を与えた。

一九八二年には、町立の「江差追分会館」がオープンする。町民の募金や江差追分の唄い手たちによるチャリティ・ショーで集めた資金も加え、総工費は五億円あまりである。後述するが、当時は多目的ホール流行りの時代だった。多様な住民の多様なニーズに応えられるのが多目的ホールの特徴だ。そんな中で、たったひとつの民謡のための専用施設を建設したのだ。今では、このような会館、ホールはまったく珍しくないが、これも全国初のものである。住民のコンセンサスがなければできることではないが、江差追分を愛するという点では、江差町は一枚岩なのだろう。

「江差追分会館」では、ゴールデンウィークから十月まで毎日、全国大会の優勝者や師匠たちによる実演が行われている。資料室には追分のルーツが紹介され、民俗学的な資料も揃っている。大正・昭和初期に録音された唄も聞くことができる。全国の追分愛好者に対する泊まりこみのセミナーや師匠の格付け審査、観光客向けに手ほどきをする追分道場も開かれている。また、町内の師匠たちが弟子を指導する際の会場としても使用されている。

さらに、この追分会、全国区であるだけでなく、とてもグローバルなのだ。一九八三年には大会史上初めての外国人として、イギリス人女性が予選を勝ち抜いて出場し、特別賞を受賞している。北海道からの移民が多いブラジル、サンフランシスコ、サクラメント、ハワイ、ロサンゼルスにも支部があり、支部で地区予選が行われ、出場者を送り込んでいる。高齢の日系一世や、熟年の二世、若々しい三世が、憧れの江差で自慢の喉を披露しているのだ。

しかしなんといっても、極め付きは、一九九〇年の「世界追分祭」である。

追分のルーツ一万キロの旅

江差追分のルーツには様々な説があるが、信州の馬子唄《まごうた》説が有力だそうだ。信州中仙道の馬子唄が街道沿いに越後に伝わり、越後からは海の道沿いに、蝦夷地通いの船頭や船子たちによって江差に運ばれ、江差の浜小屋の中で唄い継がれてきたというものである。

サントリー地域文化賞受賞者を日本地図の上にマッピングした受賞者一覧があるのだが、これを眺めていると、受賞地域が連なっているところがある。これは街道や河川沿いにつながっている場合が多い。河川が、昔、重要な交通網となっていたのは言うまでもない。以前、市町村合併について調べていたとき、ある町との合併に反対する人たちに理由を尋ねると、「あそこは水系が違うから」と言われてびっくりしたことがある。水系が違うと、生活習慣、文化、気質が変わってくるのだそうだ。

そして海辺の町で受賞しているのは主に商業港である。江差もかつては漁港であるとともに商業港であった。ここからも日本における文化の伝播の仕方、文化が盛んな地域の生まれ方の一端が見えるような気がする。

馬子唄にルーツを持ち、江差追分に似た旋律の民謡は日本各地にある。それをさらに辿っていくと、なんと海を越えて韓国、中国につながり、そこからモンゴルの騎馬民族の民謡に行き着くという。アッティラやチンギス・ハーンを代表格として、モンゴルの騎馬民族の移動範囲はものすごく広い。つながりのある民謡の分布範囲はモンゴルから先一気に広がり、シルクロードを辿って、西はハンガリーにまで達する。世界追分祭では、韓国、モンゴル、カザフスタン、旧ソ連領のバシキール自治共和国（現・バシコルトスタン）、ハンガリーから、歌手、演奏家、作曲家が招かれ、総延長一万キロを結んだ唄の競演が行われた。

「世界追分祭」は、人口一万人にも満たない小さな町・江差町の、気宇壮大なチャレンジだった。当時の担当課長、確かめたわけではないが、私の勘では発案者ではないかと思われる濱谷一治さんに初めて計画を聞かされたときは、そのスケールの大きさに仰天した。財団を通じてささやかな協力をさせていただいたのだが、その後十数年ぶりに濱谷さんにお会いしたとき、改めてお礼を言われて恐縮した。

なにしろそのとき、濱谷さんは江差町の町長になっていらっしゃったのだ。濱谷さんは現在三期目で、江差追分会の会長としても活躍されている（二〇一四年八月に任期満了で退任）。今になって思うのだが、もしかしたら当時、世界追分祭実現のために、濱谷さんは町の中でけっこう厳しく苦しい戦いをされていたのかもしれない。町の人たちにとって、簡単には理解できないほどのスケールの大きさなのだから。それだけに町の外からのサポートは、私が想像していた以上に嬉しかったのではないだろうか。でも、そのときにできた民謡ネットワークは今もつながっていて、町の貴重な財産となっているそうだ。

追分で飯を食うのは恥

「江差追分会」の会員には、政・官・財界の人たちも含まれているが、圧倒的多数は唄い手である。唄い手といっても江差追分会には、基本的にプロはいない。なぜならば、江差町には「追分で飯を食うのは恥」という伝統があるからなのだ。それぞれの唄い手には、みんなお師匠さんがいるが、そのお師匠さんたちもお茶代程度のわずかな会費しか受け取らず、自宅などで追分道場を開いている。もちろん、みんな他に正業を持っている。これは江差町だけでなく、道内、関東、関西などの支部でも同じだ。

地域文化賞の選考委員長をしていただいていた梅棹忠夫先生が、あるとき受賞者の方々を前にして、こうおっしゃった。

「よう皆さん、一文の得にもならん阿呆らしいことを、一生懸命されているもんやと、いつも感心しています。でも、それこそが、ほんまの文化なんです」

この言葉を聞いた受賞者の方々は、まさにわが意を得たりとばかり、大喜び、大感激された。ちなみに梅棹先生は、地域文化を謳いながら、金儲けのためにしていると感じられる活動を評価されなかった。そのかわり、風変わりなもの、無邪気なものを愛された。梅棹先生

追分セミナーで指導をする青坂満さん

が破顔一笑されて、「面白いですなー」とおっしゃった候補活動は、たいてい受賞していた。江差追分会のお師匠さんたちも唄い手さんたちも、一文の得にもならんことを、一生懸命されている。「ほんまの」文化活動なのだと思う。

全国大会の後、江差追分会上席師匠の青坂満さんが主宰する「鷗声会《おうせいかい》」の反省会に出させていただいた。江差追分会では、師匠にも研修と資格審査が行われていて、格付けが行われている。上席師匠は生きている人の中では最高位だ。一九三一年生まれで現在（二〇一三年）八十二歳の青坂さんは、幼児の頃から江差追分が大好きで、まわりの大人たちから、「変わったわらしだなぁ」と言われていたそうだ。十六歳から本格的に追分を唄い始め、正調追分だけではなく、現在ではほとんど唄える人がいなくなった、昔の古い唄い方である古調も唄える。

ただ、その青坂さんも、若い頃は極端な上がり性で、優勝候補と目されながら、なかなか実力が発揮できなかったそうだ。一九六八年、亡くなったばかりの妹さんを想い、無心に唄って全国大会で優勝。その後、各地で江差追分を唄って普及に努める一方、一九七四年から自宅で追分道場「鷗声会」を開いて後進の指導を行っている。そのほかにも、町立の江差追分会館で一般観光客や修学旅行生などに手ほどきをしたり、全国から研修会に集まる中級、上級者、さらには師匠たちにも指導をしている。いわば師匠の中の師匠なのである。

もちろん青坂さんには他にちゃんとしたお仕事がある。現役の漁師さんである。さすがに今は漁の中心は息子さんに譲られているが、青坂さんも船に乗って漁に出られるそうだ。そしてお住まいはかもめ島。翼を広げたかもめの姿に似た形をしているため、そう名づけられている。ちょっと出来すぎたお話のように思えるかもしれないが、事実なのだ。島で、あるいは漁に出る舟の上で、海に向かってお腹の底から声を出し、喉を鍛えたという青坂さんの唄は、「潮のにおいのする青坂節」と呼ばれている。ただ、追分に夢中になりすぎて、頼まれれば各地で追分を披露したり、熱心に後進の指導をしたりで漁のほうがおろそかになり、以前はご家族にずいぶん迷惑をかけたそうだ。

さて、反省会である。飲み会とも言う。お酒を飲みながら、今日のできばえなどについて師匠からの感想やアドバイスを聞く。青坂さんは審査委員なので、会場では伝えられないのだ。もちろん、審査は公明正大。弟子だからといって一切のえこひいきはない。青坂師匠から、「ちょっと、唄ってみろ」と指名された人は、その場に立ち上がって唄う。そしてアドバイスをもらう。最近、古調に惹かれて、自分で勉強を始めたという青年は、「ご指導お願いします」と自分から立ち上がって唄い始めた。飲み屋の二階、二十畳あまりの部屋に唄声が響きわたる。大会場でマイクを通して聞くのとまったく違う生唄の迫力。ちょっと得した気分だ。関西人は、ラッキーなときなどに「得した気分」を味わうのだ。

町民的歌手

反省会の途中で、プロとして活躍する木村香澄さんが現れた。香澄さんの師匠は他にいるのだが、青坂さんには日ごろからいろいろと指導してもらっている。だから、自分の師匠が開いている反省会に顔を出した後、青坂さんの反省会にやってきたのだ。他にも、青坂さんの直弟子ではない人がたくさん混じっている。青坂さんは、「追分を一生懸命やろうとしている人は、みんなかわいい」と、分け隔てなく指導している。

香澄さんの話に戻る。江差では追分で食うことは恥とされていると書いたが、彼女だけは特別なのだ。香澄さんは江差生まれの江差育ち。父親の影響で八歳から江差追分を始め、翌年から子供の部で三年連続優勝。五木寛之の『青春の門　第七部・挑戦篇』に出てくる、追分を唄う天才少女のモデルにもなっている。ちなみに青坂さんも漁師で追分の師匠である海野清造として登場している。香澄さんは十七歳、高校二年生のときに一般の部でも優勝。それまで長らく優勝旗が町外に渡り続けていたので、江差町民としては、子どもの頃から期待して見守ってきた香澄さんが優勝旗を取り戻してくれたことが、とても嬉しかったそうだ。

その後、香澄さんは、追分会館に事務局として勤めた。そこで町と追分のPRのために、様々なイベントで唄っているうちに、次第にプロとして活躍するようになっていったのだ。かのマリア・カラスも出場したというイギリスの「スランゴスレン国際音楽祭」で日本人初の優勝を成し遂げたというから、実力のほどはお分かりいただけよう。

「江差追分全国大会」のアトラクションで香澄さんの歌を何度か聞いているが、札幌でも香澄さんが出演するコンサートを聞いたことがある。正調追分だけでなく、ポップにアレンジした様々な民謡も唄いこなしていた。美しく伸びのある声と素晴らしい声量で、他のちゃらちゃらした出演者とは別格の、女王様のような風格さえ漂わせていた。

江差町が運営する江差追分会の公式ＨＰには、香澄さんのＨＰにリンクするバナーもある。江差追分をこよなく愛する町の人たちにとって、彼女は江差追分を全国、世界に紹介してくれる伝道師であり、国民的歌手ならぬ、町民的歌手である証だと思う。

最後に、私が初めて「江差追分全国大会」に行ったときのことをお話ししたい。一人旅だった。二日目の予選が終わった後、宿の近くの居酒屋に入った。ニシンの塩焼きがあったので迷わず注文。関西では、ニシンと言えば干した身欠きニシンしかない。藤沢周平の時代小説の中で、庄内藩を模したと言われる海坂藩の下級武士たちが、城下の居酒屋で、脂ののったニシンの塩焼きをつつきながらお酒を酌み交わす。それがとても美味しそうで、常々憧れていたのだ。小骨が多いけれど味が濃厚で、熱燗が進む。

店はすいていて、カウンターは私だけ。奥の上がりかまちに、六人くらいの男女がいた。歳は五十代後半と思われる。聞くともなしに聞いていると、地元中学の同級生同士のようだ。中心になっているのは、口ひげをたくわえ、ダブルのブレザーを着た、東京に居そうな、いわゆる業界人っぽい男性。江差追分全国大会の予選会に出たようだが、あいにく決選会出場はならなかったようだ。友人たちがしきりに慰めているが、その男性はちっとも残念なことなどないと言う。以下、本当は土地の言葉だったのだけど、ずいぶん昔のことで方言までは思い出せないので標準語バージョンで紹介する。

「東京は出場者も多くて(やっぱり東京だ!)、地区予選を通過するだけでもタイヘンだったんだ。何年もかかった。今日やっと全国大会に出られて、お袋や友達に俺の唄を聞いてもらえただけでも満足だ」

「○○クンの唄、よかったよー。私なんか、ずっと江差に住んでても追分は唄えん。けど、いい唄は分かる。○○クンの唄、ほんとによかったよ」

「俺、五十歳を過ぎた頃から、無性に追分を唄いたくなったんだ。それで自分で師匠を探して習いだした。後で知ったんだけど、こっちで聞いたらすぐに紹介してもらえたのに、師匠探しにもずいぶん苦労した。それでも習いたかった。ちょっと唄えるようになると、今度は全国大会に出たくなった。ふるさとのみんなに俺の唄を聞いてもらいたいって。そこから本気で頑張ったんだ」

いいなぁ、ふるさとに祭りや伝統芸能がある人は。子どもの頃に体に染み付いたリズムや旋律が、ふるさとと自分を固く強く結びつけてくれる。その音楽や唄を聴くと、ふるさとのことを思い出すのだろう。離れていた時間や距離を一瞬にして飛び越えて、心がふるさとに結びつくのだろう。ふるさとのほうも、祭りや伝統文化に惹かれて戻ってきた人を、温かく迎えてくれる。祭りや伝統文化のあるまちをふるさとに欲しかったな、私も。

雪合戦で世界を目指す
――北海道壮瞥町「昭和新山国際雪合戦」

夢はオリンピック

「夢はオリンピック」と聞くと、たいていの人は、何かのスポーツでオリンピックに出場することを目指しているんだなと思うだろう。ところが、壮瞥町《そうべつちょう》の場合は違う。一九八〇年代の後半、町の人たちが智恵を絞ってつくり上げた競技である「雪合戦」が冬季オリンピックの正式種目に採用されることを目指しているのだ。近年、世界遺産登録を目指す地域はけっこうあるけれど、これはかなりユニークな野望だと思う。

壮瞥町の人たちが雪合戦に取り組んだのは、もともとは地域活性化の手段としてだった。壮瞥町は観光と農業が主な産業の、人口二千七百人あまりの小さな町だ。洞爺湖《とうやこ》に面し、昭和新山を有するため、春から秋にかけては多くの観光客で賑わう。ところが冬場になると町は雪に閉ざされ、すっかりさびれてしまう。なんとか冬場を盛り上げようと、若手有志が集まったのだが、思いつくのは雪祭りとか犬橇レースとか、すでに他でもやっている二番煎じばかりだった。だが、台湾から来た観光客が、初めて見る雪を自然に丸め、ぶつけあってはしゃぐ姿を見て、山中漠さんがふと思いついた。でも、こんなもの提案したら笑われるかと思って、小さな声で提案してみたそうだ。

「雪合戦」

そうしたら、みんなが賛成した。雪を見れば、人は誰でも丸めたくなる。丸めた雪は投げてみたくなる。他に人がいれば、ぶつけてみたくなる。これは人類共通の欲求だ。おそらく、太古の昔から人は雪を丸めて、ぶつけあって遊んでいたに違いない。世界各地、雪があるところならどこででも行われているに違いない。だから、国際雪合戦大会をやろう！　と、どんどん盛り上がっていった。壮瞥町の人たちの風呂敷は、どんどん広がるのだ。

そして誕生した「昭和新山国際雪合戦」。現在、地区予選に出場した二千五百あまりのチームの中から選抜された百五十チームが、壮瞥町で開かれる雪合戦の大会に出場している。また、日本全国に十八の雪合戦連盟も発足した。二〇一三年現在で、この大会にはこれまで世界六十九カ国から六百二名の外国人選手が参加している。フィンランド、ノルウェー、スウェーデン、カナダ、アメリカ、オーストラリア、オランダ、ベルギー、ロシアではすでに雪合戦連盟が結成されていて、二〇一二年には、壮瞥町に事務局を置く国際雪合戦連合も設立された。オリンピックへの夢は、思い切り本気なのだ。

競技スポーツへのこだわり

雪合戦大会を計画するとき、町の人たちがこだわったのは、単なる遊びではなく、競技スポーツとしてルールを整えることだった。一九八八年、ルールの検討会を立ち上げ、現在のルールである一チーム七人による三分×三セットマッチの原形をつくる。先に二セットをとったほうが勝ちだ。バスケットボールのコートよりやや広めのコートに、シェルターと呼ばれる雪球から身を守る防御壁を置くことや、雪球を当てられたらアウトになってコートの外に出なければならず、残っ

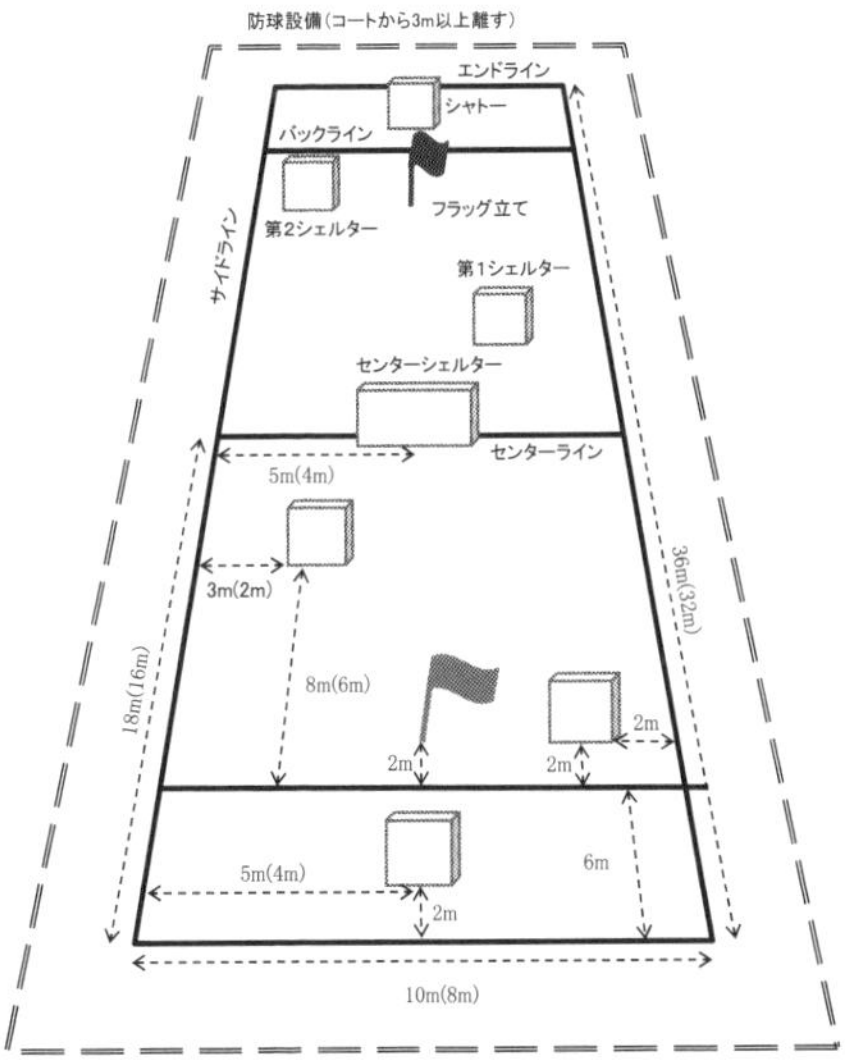

国際雪合戦のコート
（『昭和新山国際雪合戦競技規則』より）

た人数が多いと勝ちだが、相手コートの中にあるフラッグを奪っても勝ちなど、様々なルールを決めていった。ルールを決めるときには、テニスやラグビー、サッカーなど、他のスポーツを参考にし、地元の中高生にシミュレーションをしてもらうほどの念の入れようだった。

中でも苦労をしたのは、唯一の武器である雪球づくり。シェルターに隠れて戦うフォワードに、バックスの選手たちが雪球を転がして補給する。そのためにはある程度の硬さが必要になる。地元果樹農家に紹介してもらった農機具製造者と相談し、試行錯誤の末、一度に四十五個の球をつくることができる、たこ焼き器型の器具を考案し、同じ規格の球を量産できるようにした。大きさは直径七センチほど。一チームが一セットに使える雪球は九十個で、選手たちは試合前に自分たちが使う二百七十個の球をつくる。つくった雪球は、寒さで凍結しないように、鮮魚などを入れる木製のトロ箱に並べて持ち運ぶ。

しかし、パウダースノーと呼ばれる北海道の雪は、なかなかうまく固まらない。積もった雪が寒さで凍結しても雪球はつくれない。そこで、雪球をつくるのにちょうどいい雪質を求めて、北大の低温科学研究所に調査、研究してもらった。その結果、試合の前に大量の雪を集め、ビニールハウスの中でストーブをたいて温めながら保管するという方法を編み出した。ビニールハウスは、地元の農家の人たちに協力を仰いで設置した。名づけて「雪球ハウス」である。

次に研究したのは、ヘルメット。硬くて大きい雪球が顔面を直撃するとかなり大きなダメージがある。とくに、眼鏡をかけている人は危険だ。凍結した地面で転んで頭を打つこともある。そこで、大手スポーツメーカーに依頼して、フェイスガードがついていて、仲間や監督の指示も聞こえやすくて、軽いヘルメットを開発した。

雪合戦の聖地、昭和新山

二年間の準備期間を経て、一九八九年二月二十五、二十六日の二日間にわたり、第一回「昭和新山国際雪合戦」が開催された。当時、北海道の冬の観光イベントのほとんどは、「さっぽろ雪まつり」のおこぼれを狙って、二月の上旬に開催されていたが、壮瞥町の人たちは違った。自分たちの努力と雪合戦の魅力で人を呼び込もうという心意気があったのだ。他の町でやっているように、優勝賞金で参加者を釣ることも潔しとしなかった。そこで考えだしたのが、優勝チームに壮瞥町のリンゴの木を贈呈すること。世話は地元の果樹農家がしてくれる。そうすれば、オーナーになった優勝者たちは、花が咲けば花見に、収穫時期にはリンゴ狩りに、また壮瞥町に来てくれる。観光促進にもなる。ナイス・アイディア！

大会の運営は町を挙げて行われた。雪集めや会場設営、審判、記録係など、ボランティアで雪合戦大会に関わった人の数は、四百人に上る。壮瞥町の人口は二千七百人あまり。四百

メインコートで行われる決勝戦

人というのは、二十歳から七十歳までの町の成人人口のほぼ三分の一に当たる。壮瞥町役場の職員の九割近くも、何らかの形でお手伝いしている。また、婦人会や商工会婦人部の女性たちは、手づくりの温かい雪合戦汁で選手たちをもてなした。

第一回大会に集まったのは七十チーム。当初は、奇抜なコスチュームで目立とうとするおふざけ半分のチームが大半だった。しかし、回を重ねるにつれ、参加者がだんだん本気になってきた。雪球が当たってアウトになると、痛い。悔しい。反対に自分の投げた球が相手に命中すると、ヤッター！という喜びが湧き上がってくる。試合に勝つと嬉しい。闘争本能に火がつき、真剣に練習を始めるチームが増えてくる。第三回目くらいからはレベルの高いプレーを行うチームが増え始め、それと並行して、スポーツとしての雪合戦の面白さに熱中する人も増加した。北海道内や雪の多い東北、北陸地方からの参加者はもちろん、四国、中国、九州地方からの参加チームも現れ始めた。

一九九三年には北海道雪合戦連盟と日本雪合戦連盟が結成され、その頃から大会への出場権を懸けて各ブロックで予選大会を開催するようになった。雪合戦発祥の地であり全国大会が開催される壮瞥町は、全国の選手たちの憧れの地になった。実行委員会では、昭和新山を正面に見上げる場所にメインコートを設け、ここは決勝戦にしか使わせない。彼らはこのコートを「雪合戦の聖地」と呼ぶ。テニスにおけるウィンブルドンのセンターコートを模して。彼らのこういう大風呂敷、私は嫌いじゃないです。

雪合戦のアイディアを思いつき、その後、一九九九年から町長を三期務めた山中さんが説明してくださった。

「日本には緯度と経度だけでなくて、標高というものもあるんですよ。四国でも、九州でも、標高の高い山の中では雪が降る。そして参加してくれているのは、小さな町のチームが多い。寒冷地の小さな町が、地域の活性化のために雪合戦大会を開き、そこでこの競技の面白さに目覚めた人たちが、昭和新山での全国大会を目指すようになったのです」

在任中、山中さんは雪合戦町長として、雪合戦の発展と普及に尽力されたのはもちろんのことである。

世界一ユニークな球技

実際に壮瞥町での大会を観戦すると、そのレベルの高さに驚き、面白さに夢中になる。ただ、これはテレビなどではなかなか伝わらないだろうなぁと思う。なぜならば、一セット、たった三分の間に、両チーム合わせて最高百八十球の球が飛び交うのだ。誰が投げた球が誰に当たったのか、カメラで正確に捉えるのはほとんど不可能だ。それに、あの歓声とあの怒声、あの寒さ、流れ球が当たったときの痛さ、そういった臨場感がとてもじゃないけれど伝わらない。それが面白いのに。

だいたい、ひとときに複数の球が飛び交う球技など、世界中を探しても雪合戦ただひとつなのではないだろうか。ましてや、一試合で五百四十球を使うゲームなんてあるはずがない。世界一ユニークな球技なのだ。

その分、審判が大変苦労する。とくに、試合開始直後の数秒間は、両チームの選手たちが両手に持った雪球をいっせいに投げ、フォワードはシェルターに突入していくという激しい展開になる。どんなに神経を張り詰めても、完璧に正確なジャッジは至難の業だ。現在、一試合八人の審判がジャッジを行っているが、審判の見ていない、あるいは見えないところで球に当たる人もいる。また、シェルターを掠めたり、地面にバウンドした球が当たってもセ

ーフなのだが、そういうルールを知らない観客から、
「○番の奴、当たったのに、審判はどこを見ているんだっ！」
などという文句が飛ぶ。後継者育成のために、小中学生への指導や、ジュニア大会も行っているのだが、このときは、応援に来ているお母さんたちの文句があまりにもやかましくて、審判たちは最もやりづらいという。

審判さんたちがかわいそう。彼らも全員、ボランティアなのに。自分でも、あれは誤審だったかなぁと思うことがあって、そういうときは、一晩中眠れなくなることもあるそうだ。選手たちももちろん、悪気があって、審判がミス・ジャッジをしているわけではない、と十分理解しているのだと思う。でも、球をぶつけられてかっとなっている人も多いわけだから、審判への文句や不満から乱闘騒ぎになるようなこともあった。

実行委員会では、こういうトラブルをできるだけ防ぎたいと考えて、審判員のスキルを上げるための講習会と、A級ライセンスからC級まで、審判員をランクづける資格制度も取り入れた。壮瞥町役場に入った新人は、たいてい、審判の資格を取ることから始めさせられる。観光の町である壮瞥町では、土日開催で、二万人を超える選手、観客が集まる大会当日、サービス業に携わる多くの住人は家業を優先せざるを得ない。そうなると土日が休みの役場職員のマンパワーが重要になってくるのだ。先に、役場職員の九割が関わっていると紹介した

が、仕事として関わっているのはわずか三人。後は一人の地域住民としてのボランティア活動なのだ。

舐めたら、あきません

コントロールが要求されるゲームなので、選手には野球部出身者が多い。甲子園でも活躍する野球の名門高、駒沢大学付属苫小牧高校の野球部ＯＢチーム「駒沢野球部ＯＢ」は、二〇〇八年の初出場以来、めきめきと頭角を現し、二〇一三年の大会で三位に入賞している。レディース部門もあり、こちらはソフトボール部出身者らしき人たちをよく見かける。

ところで、あの駒大付属高校の野球部ＯＢが、三位に入賞するのに六年もかかったのかと驚いた方もいらっしゃるかもしれない。雪合戦を舐めたら、あきません。この大会への出場権を得るのに何年もかかるチームもあるのだ。もっとも、その多くはあまり雪の降らない地域のチームで、やはり、雪深い地域のほうが圧倒的に有利だ。体育館で軟式テニスボールを使って練習をするのと、大会と同じように屋外で本物の雪を使って練習するのは全然違う、らしい。試合前に選手自らがつくらないといけない雪球だって、強豪と言われるチームとそうでないチームでは歴然とした差が出るという。

強豪チームの中でも〝四強〟と言われる、優勝を常に競い合っているようなチームがある。

そういうチームに共通する強さの秘密は、自分たち専用のコートを持ち、通年でほぼ毎日練習し、自分のチーム、ライバルチームのプレーをDVDで繰り返し見て、分析を行っていることだ。こういうチームにそう簡単に勝てるものではない。だから、駒沢野球部OBチームが三位入賞を果たしたことは、立派な快挙なのだ。

近年の雪合戦は完全な頭脳プレーだ。まだ歴史が浅いスポーツだから、次々に新しい作戦、攻撃方法が生まれる余地もある。たとえば、両チームの真ん中のセンターシェルター。ここに相手チームよりも先に駆け込み、攻撃を仕掛けるのが勝敗を分ける決め手になる。シェルターの高さは九十センチ。跪いて身を隠す。その姿勢で、地面すれすれの位置からサイドスローで投げられる雪球は目に入りにくく、「消える魔球」と言って怖れられている。

センターシェルターに隠れている人は、とにかく早くやっつけないといけない。このために使われるのが、雪球を高く投げ上げ、真上から落とす「ロブ」という投げ方だ。強いチームほど、このロブを驚くほど正確に投げられる。また、どんなに機敏な選手でも、一度に何個もの球で攻撃されると、身をかわしきれない。そこで考え出されたのが、暗号などで狙う相手を決めて、いっせいに一人をめがけて雪球を投げつけたり、ひとつのシェルターに集中してロブを落とす「雨あられ作戦」だ。一方、「雨あられ作戦」に対抗する技として編み出されたのが「ヤモリの術」。シェルターにヤモリのように張り付いて身を守るのだ。あいにくまだ見たことがないのだが、ネーミングもユニークだ。

見所満載の予選

初めて昭和新山国際雪合戦大会を観戦したのは、二〇〇八年の記念すべき第二十回大会のときだった。新千歳空港から快速エアポートで南千歳へ。そこでスーパー北斗に乗り換えて伊達紋別へ。ここまでがだいたい一時間半。ここからはタクシーで昭和新山の麓の会場へと向かう。冬季料金なので、ちょっと割高だ。途中、洞爺湖が見えてくる。琵琶湖を見慣れている私にとっては、びっくりするほどではないけれど、けっこう大きい。

それよりも圧倒されたのは、やはり昭和新山だ。今も山のあちこちからモクモクと水蒸気が出ていて迫力がある。それに、想像以上に大きい！　昭和十九年に、畑の真ん中に突然できた山だということは小学校の教科書で習った記憶があるけれど、こんなに大きかったんだと驚いた。その背後にはより雄大な有珠山《うすざん》がそびえている。しばらく阿呆みたいに口をあけて、山を見上げていた。

大会初日の土曜日は予選が行われる。この日が初めての雪合戦観戦だったので、本部にいらっしゃった山中町長（当時）が、注目しているチームの試合を観に行かれるというのでくっついて行った。チームの特色やルールの詳細、先述したような技について教えてもらったのだが、とても楽しそうに、嬉しそうに雪合戦を観戦しているご様子で、本当にお好きなんだなと思った。

ところでこの大会には、十チーム分ほどのゲスト枠というものがつくられている。地区予選を勝ち抜いてきたチームとは違い、たいていが初心者で、たいていが弱い。だから確実に土曜日の予選で敗退する。つまり、ゲスト・チームは予選でしか見られない。このゲスト・チームの中で、ひときわ興味深いところがあった。それは、アメリカ大使館チームだ。

ともかく、選手全員、ガタイがでかい。ゼッケンの紐が結べないほど太った人もいる。つまり、的が大きいわけで、動きも遅いから当たりやすい。シェルターに隠れても、体がはみ出る。そうした自分たちの弱点を熟知した上での作戦なのだろうが、ともかく最初からフラッグ狙いなのだ。敵陣の旗に向かってひたすら突進していく。「アメフトじゃないのよ！」と言いたくなる。対する日本人チームは、大男たちがいっせいに攻め寄せてくるのを見て一瞬ひるんだようだが、すぐに気をとりなおし、バコバコ雪球を当ててアメリカ大使館チームを全滅させた。その後も全滅を繰り返し、二試合に出場し、すべてストレート負けで敗退。自分たちの負けを確信した、覚悟の上のあっぱれな負けっぷりだった。

また、この日は第二十回を記念して、強豪チームのスター選手を集め、ドリーム・チームを結成していた。普段は決勝戦でしか使わないメインコートを特別に開放して、模範試合が行われた。ライバルチームから選抜された選手同士、チームワークなどないはずなのに、ほんとに見事な試合だった。このときに分かったのは、トップ選手は、なかなか球に当たらないということだ。正確なロブがシェルターに隠れている選手にどんどん落ちていくのだが、腹筋を使ってそれをひょいひょいかわしている。まるで曲芸を見ているようだった。誰もアウトにならないので、途中で試合が膠着状態に陥った。すると、突然フラッグを奪いに選手が飛び出していって試合が大きく展開！　アトラクションとして十二分に楽しめた。

ドリーム・チームによる模範試合の後は、雪合戦恒例の野外ジンギスカン・パーティーだった。畳半畳くらいの大きな鉄板がいくつも並べられ、そこに大量のラム肉、野菜が豪快にぶちまけられていく。それを、鉄板を囲んだ参加者たちが、お箸でつついて崩しながら焼いていく。ビールや日本酒などのお酒も飲み放題。明日の決勝リーグを控えている人たちも、今日の予選で敗退してしまった人たちも、和気藹々と楽しんでいる。たぶん、この中で、ただの観客は私たちだけだろう。というか、そもそも、選手・関係者以外の、一般の観客というのは非常に珍しいそうだ。寒いし。会場は交通の便が悪いし。

「えぇー！　大阪からわざわざ、雪合戦を観るためだけに来たんですか？」

と驚かれた。雪合戦は観戦するだけでも十分に面白いのに、テレビなどでその面白さを伝えにくいからか、まだまだ一般のファンが少ないマイナースポーツなんだと思った。とても残念だと思う。

失われた決勝リーグ

実は前夜のうちから、不穏な兆しはあったのだ。宿泊先のホテルには温泉があるのだが、夜少し遅くなってから風呂場に行くと、強風と強い冷え込みのため、露天風呂が閉鎖になっていた。見ると、露天風呂が凍結していた。おまけに、夜中に私の部屋の窓が、風でバーンと開いてしまった。洞爺湖に面しているためか、強い風が吹きつけてくるのだ。何度閉めてもまた開いてしまう。フロントに電話をしたら、ガムテープで窓をがっちり貼り固めてくれた……。

そして翌朝、雪合戦全体を統括する庵匡《いおりただし》さんから電話があった。今日の雪合戦は中止になりました、と。今はバタバタしているので、後ほど改めて連絡しますから、しばらくホテルで待機していてくださいとのことだった。驚いた。テレビをつけると、北海道全体が強い寒波に覆われているというニュースが流れていた。「爆弾寒波」と名づけられている。線路のポイント（分岐器）が凍結して、全道でダイヤが大混乱。新千歳空港へ行く便は完全に運休していた。飛行機も欠航が相次ぎ、大変なことになっていた。実は私は、かなりの雨女なのだ。雨だけではなくて、濃霧、大雪などの悪天候のために、地方に行って帰れなくなったことは何度もある。ただし、それまでは本番が中止になったことはなかった。

庵さんから改めて連絡を受け、十一時頃、大会本部に出かけた。すでに全参加者への説明を終え、風も収まってきたので後片付けが始まっているそうだ。二年前に三代目実行委員長に就任したばかり松本勉さんがいらっしゃった。松本さんは、壮瞥町生まれの壮瞥町育ち。地元で福祉関係の施設を運営している。松本さんが状況を淡々と話してくださった。

「昨夜の寒波と強風で、会場の設備がめちゃくちゃになってしまいました。雪球ハウスのビニールが吹き飛ばされて、雪球をつくる雪が凍結しています。看板やテントも全部吹き飛ばされて。実行委員会の幹部が早朝から集まって、なんとか大会を続ける方法がないかと検討したのですが、何よりも選手の安全のことを考えると、中止せざるを得なかったのです」

寒波のせいで、地面が凍結している。つるつるとものすごく滑る。私がへっぴり腰で歩いている横を、道産子の皆さんは慣れた顔ですたすた歩いているが、競技をするとなったら別だ。凍結した硬い地面で転倒したら、骨折などの怪我が相次ぐだろう。また、もしも雪球用の雪を確保できたとしても、あまりにも気温が低く、雪球がすぐに凍結してしまう。凍った雪球は、とても危険なのだ。

出場者の中でも強豪チームはシードがかかっていて、前日の予選に出ていない。この日の決勝リーグを目標に一年間努力し続けたのに、一戦もできないうちに帰らなければならないのだ。さぞや無念だと思う。帰る前にひと目会場を見ていこうと思って本部の建物を出ると、選手たちを乗せたバスが止まっていた。やはりひと目会場を見て帰ろうと立ち寄ったのだろう。

会場に行ってみると、かなり撤収が進んでいるものの、惨憺たる状況だった。対戦表の大きな看板がずり落ち、昨日は雪球をつくる選手たちで活気づいていた雪球ハウスは、ビニールを吹き飛ばされて骨だけになっていた。コートの隅に転がっていた雪球を拾ってみたら、カチカチに凍っていた。ためしにそれを、硬く凍った地面に叩きつけてみた。雪球は割れもしないで、ころころと転がっていった。

グローカルな雪合戦

第二十回の大会には、もう一組の外国人グループが来ていた。ノルウェー雪合戦連盟の視察団だ。現在、北欧ではフィンランド、ノルウェー、スウェーデンの三カ国に雪合戦連盟がある。きっかけは、一九九三年に壮瞥町がフィンランドのケミヤルヴィ市と友好姉妹都市になったことだった。翌年、ケミヤルヴィ市が昭和新山国際雪合戦に選手団を送り込んだ。このときに雪合戦にすっかり魅了された人たちが、翌年、日本国外では初の雪合戦大会を自国で開催した。壮瞥町からは、技術指導や審判役として、実行委員会のスタッフ五人を派遣す

2013年の第25回大会に参加したフィンランドチーム

るとともに、雪球製造器、ヘルメットなどを提供している。この大会がきっかけとなって周辺北欧諸国に雪合戦が伝播していったのだ。

オリンピック競技として採用されるためには、四大陸にまたがって、七十五カ国以上に協会や連盟がなければならない。そのため、英語版のルールブックやビデオも作成した。

冒頭でも述べたように、壮瞥町で開催される国際雪合戦大会には世界各地の外国人選手が大勢参加している。こうした外国人選手らはもちろんゲスト枠で、実行委員会では積極的に参加を呼びかけ、大会より前に壮瞥町に来てもらい、地元の小学生との練習試合を体験してもらうなどの交流も行っている。

これにつれて海外にも雪合戦連盟が少しずつ増え、二〇一三年二月にはついに、壮瞥町に事務局を置く国際雪合戦連合が設立された。加盟したのは、日本、フィンランド、ノルウェー、スウェーデン、オランダ、カナダ、アメリカ、ロシア、ベルギー、オーストラリアの雪合戦連盟である。これらの国では、〝YUKIGASSEN〟は国際語として通用している。体格の大きい欧米人のために、コートやシェルターの大きさを変えることも提案したが、日本生まれの雪合戦なのだから、日本のルールを世界の公式ルールにすればいいと言われたそうだ。これぞまさしく、本当にクールな〝Cool Japan〟だ。それが地方から世界に発信されているのだから素晴らしいことだと思う。

連盟の事務局があるのは、どの国も首都などではなく、壮瞥町のような地方の、小さな町だという。実行委員長の松本さんは、

「雪合戦を通じて、田舎と田舎がグローバルに結びついているのです。雪合戦は、とてもグローカルなんです」

という。雪合戦を通じて、壮瞥町が全国、世界と結びついている。だから、雪合戦は「町の宝」だと、出会った人みんなが誇らしげに言っていたのだろう。

一九五五年の長崎市とアメリカのセントポール市による姉妹都市交流を嚆矢《こうし》として、一九八〇年代をピークに、日本では海外の市町村との姉妹都市交流が盛んだ。二〇一三年現在で、四十二の都道府県と八百三十二の市町村が姉妹都市を持っている。全国には姉妹都市提携を

結んでいても、有名無実なところも多いが、壮瞥町は違う。フィンランドのケミヤルヴィ市と姉妹都市になり、一九九五年から町内の中学二年生全員を同市でのホームステイに派遣するなど、雪合戦以外の国際交流にも熱心だ。前述したように、同市との交流がきっかけとなり、雪合戦の世界展開も動き出した。十代で海外での生活を経験した子どもたちが大人になったとき、雪合戦の国際展開に向けて、活躍してくれることを期待したい。

ただ、問題も抱えている。二〇一二年、他のメジャー競技にならって組織を強化・厳格化しようとする日本雪合戦連盟から、まだまだその域にはいたっておらず、参加しやすい環境づくりのほうが優先と考える壮瞥町を中心とした北海道雪合戦連盟が脱退するという事態が起きた。分裂する前にすでに地区リーグが始まっていたので、二〇一三年の大会は二月に壮瞥町で開催されたが、二〇一四年には、新たに日本雪合戦連盟の事務局をすることになった長野県でも全国大会が開催された。雪合戦の聖地、昭和新山の麓に集まるのは、北海道のチームと、連盟の分裂に関係なく、やはり昭和新山国際雪合戦に派遣を続ける地区連盟の代表チームだけとなった。

双方の大会に、全国の雪合戦ファンたちが大勢集まった。だが、どちらの大会の優勝者も、本当の意味での日本一とは言えない。なんと言っても、雪合戦の強豪チームは北海道にひしめいているのだから。セ・パ両リーグの優勝者が激突する日本シリーズのようなものを開催するのだろうか。これからどうなるのか、ものすごく心配だ。だが、壮瞥町の皆さんは、まったく冷静そのものだった。

各国に雪合戦伝道師として出向き、国際連合の立ち上げにも関わってきた庵さんに伺うと、国連（!）を立ち上げる一方で日本国内の連盟が分裂するのは避けたかったのだけれど、幹部役員の間では、前述の問題以外にもいろいろとあったのだそうだ。だから、お互いに不満を抱えたままで同居を続けるよりも、いったん別居して、それぞれの道を進みましょう、ということらしい。

昭和新山国際雪合戦に、これまで通り北海道以外のチームに参加してもらうことは大歓迎だそうだ。その言葉の中には、きっといつかまた、歩み寄って一本化するときが来る、そのときは昭和新山にみんな戻ってきてくれるという密かな自信のようなものも感じられた。そして、

「冬季オリンピック正式種目入りだけが僕たちの目標ではありません。ただ、夢は夢として大事にし続けしたいのです。

考え方や、やろうとすることとの方向性の違いから、今後少しずつ、うちと日本連盟のほうで大会の運営や雪合戦のあり方にも違いが出てくるだろうと思います。そのときは、どちら

の大会に参加するかは、選手の人たちが決めてくれればいいと思っています。どちらも同じ雪合戦ですから。

これからも日本中、世界中に雪合戦愛好者がどんどん増えて、その人たちが、壮瞥町発祥の雪合戦を楽しんでくれること、それが僕たちの最終目標なのかもしれません。雪合戦は、僕たちの町の「宝物」ですから」

壮瞥町出身ではない庵さん。庵さんは役場の職員だが、役場職員として初めて統括を任された熱血雪合戦野郎として知られている。両親と自身の仕事の関係で北海道内を転々とし、壮瞥町は六番目に移り住んだ町だ。転職して壮瞥町役場に就職するまでは、雪合戦のことなどまったく知らなかったそうだ。そして、たまたま担当になったことからのめり込み、雪合戦を通じて町の中にも外にも大勢の信頼できる仲間ができた。仲間たちからも信頼されている。雪合戦のお陰だと庵さんは言う。自分を受け入れてくれたこの町に終《つい》の棲家をと、庵さんは最近、壮瞥町内に家を建てた。

第2章　アマチュア文化大国・日本

日本型ボランティア
——長野県飯田市「いいだ人形劇フェスタ」

郷土料理は究極の地域文化

地元の方とお食事をするとき、食べ物の好き嫌いを聞かれることがある。そんなとき、私は、

「嫌いなものは不味いもので、好きなものは美味しいものです。なんでも食べます」

と答えている。すると、

「こんなのはいかがですか」

と言って、郷土料理が出てくる。空港などにも売っているようなメジャーなものではなくて、

「何、これ?」というようなものが多い。

長野県飯田市は赤石山脈（南アルプス）と木曽山脈（中央アルプス）に囲まれた伊那谷の南

端、天竜川の支流に面した丘の上の城下町だ。戦後の大火で市の中心部が焼け、大規模な区画整理が行われたので市街地は広々としている。街を歩いていると空が広いという印象を受ける。天竜川に沿って愛知県豊橋市から長野県辰野町をつなぐJR飯田線は、険しい渓谷の風景と〝秘境駅〟の存在で鉄道ファンの間で人気が高い。ただし、豊橋・飯田間は約四時間（特急ワイドビュー伊那路だと二時間半）もかかる。私はかれこれ十回くらい飯田に通っているが、行くときはたいてい高速バスを利用している。名古屋から二時間弱、東京や大阪からでも四〜五時間で着くからだ。

この飯田市はなかなか郷土料理の奥が深い。信州、とくに飯田市のある伊那地方は、貴重なたんぱく源として虫料理が盛んだ。蜂の子やイナゴの佃煮は基本中の基本。ザザ虫はちょっと苔臭くて、スズメバチは硬くて舌に残る。蚕《かいこ》は蛹《さなぎ》よりも蛹になる前の幼虫、まゆこのほうが美味しいなど、いろいろ試させていただいた。私がぱくぱく食べているので、案内してくれた人に、

「全然、平気ですか」

と聞かれた。

「エビやカニみたいなもんだと思えば、ビジュアルは別に気になりませんよ」

と答えると、彼はお店の人に、

「おばちゃん、今日、セミはある？」

と聞いている。あいにく、ないという返事に実は、ちょっとほっとした。幼虫だったら大丈夫だと思うけれど、成虫はなんだか嫌な気がする。都会で暮らしていてもけっこう目にしているからかもしれない。とくに死骸を。あれが美味しそうに見えるようになったりしたら、危険だと思う。どっちが出てくるんだろう。

他には、馬の腸を煮込んだ「おたぐり」、イカの塩漬け「塩イカ」などいろいろあって、次に行くと、また違った郷土料理に出会えるのではないかと期待している。郷土料理というのは、その地域の自然・風土に根ざし、長い歴史の中で徐々に改良されながら、住民に愛され続けてきた究極の地域文化だ。地元の人たちが美味しいと言っているもので、私が不味いと思ったものは一つもない。

ただ、素材に恵まれているところは意外に料理のバリエーションが少ないような気がする。生のまま、あるいは焼いたり、茹でたりしただけで美味しく食べられるので、余計な手間をかける必要がないからかもしれない。むしろ、山に囲まれた飯田のように、素材にはあまり恵まれていないが、古くから交通の要所であり、生糸の商売で栄え、文化的な潜在力も高い地域のほうが、様々な工夫を凝らした、独特な郷土料理が多いように思う。

いいだ人形劇フェスタ

さて、その飯田市には、一九七九年に始まり三十五年以上の歴史を持つ地域文化活動がある。「いいだ人形劇フェスタ」である。夏の四日間（二〇一四年から六日間に延長）、全国から集まったプロとアマチュアの人形劇団が、市内約百三十カ所の会場で公演する人形劇の祭典である。飯田市内各地区にある公民館や分館、神社の境内やお寺の本堂、小学校や幼稚園、公園、美術館や博物館、プラネタリウムなどなど、至るところが会場に早変わりして、人形劇を上演している。スーパーの駐車場や病院の待ち合い室、バーのように、「おや、こんなところでも」と思うような場所で人形劇が上演されていて、子どもたちの笑い声や、人形たちからの問いかけに元気よく応える声が響いている。街中に、子どもたちの笑顔と歓声が溢れている。

たいていの人形劇は、参加証であるワッペンさえ持っていれば、自由に、何本でも観ることができる。値段は七百円。小さな子どもはお母さんに手を引かれて、小学生ともなれば、友達同士で、人形劇をハシゴする。日本や海外の一流のプロ劇団による有料の人形劇もある。高いものでも二千円くらいで、ものすごくお得感がある。東京や大阪で見ようとすれば、五千円は下らないだろう。関西人の私はお得なものには弱いので、都合がつく限り有料の人形

飯田には、毎年夏になると人形劇がやってくる

劇を観るようにしている。

飯田で上演される人形劇は、糸や棒で操る人形、指人形、日本の伝統的な三人遣いの人形、影絵など様々な種類がある。子ども向けだけではなくて、かなりセクシーな大人向けの人形劇もある。中でもとても印象に残っているのは、外国人の男性の一人芝居。黒い燕尾服を着たハンサムな男性と、彼が操る赤いドレスの妖艶な美女の人形が絡み合い、赤い手袋をはめた美女の手が、男性の体を撫で回す。もちろん、その手は操り手の男性の手なのだが、とてもエロティックな舞台だった。そのほかには、急須のお殿様が、湯呑みのお女中に、「よいではないか」と迫り、お女中が帯を解かれる、お決まりの「あぁ～れぇ～」のシーンでは、湯飲みがくるくる回ると

いう、大人ならば爆笑できるナンセンス劇や、高下駄と赤い鼻緒の草履だけで恋する男女の物語を演じてみせるものなど、人形を使わない人形劇もあって、近頃はなんでもありなんだと思う。大人も十分に楽しめる人形劇のお祭りなのである。

人形劇カーニバル飯田の誕生

きっかけは、日本人形劇連盟からのアプローチだった。飯田では、あるいは人形劇関係者の間では、人形劇をしている人のことを「劇人《げきじん》」と呼んでいるので、私もそれに従う。全国の劇人が、お互いの交流と研鑽のために年に一度集まれる場所を探していたところ、伝統的な人形芝居が二つもあり、関東と関西のどちらからもアクセスのいい飯田市が候補地に挙がった。たまたま、当時の飯田市長の娘さんが東京で人形劇をしていたので、父親に会場提供の打診をしたところ、あっさりとOKが出た。

劇人側は、当初、場所だけ貸してもらえればいい、という気持ちだったようだ。ずっと飯田で開催するつもりはなく、いずれ、次の場所に移るつもりで、スタート時の名称は「人形劇カーニバル飯田」だった。〝飯田〟は交換可能な地名だったわけである。ところが、飯田市側はこれを社会教育の一環と捉え、行政を中心に実行委員会を結成し、飯田独特の公民館組織を活用して受け入れ態勢を整えた。飯田は、市内に二十の地区公民館と、それらの連絡調整館としての飯田市公民館のあわせて二十一の公民館があり、地区公民館にはそれを支える百三の分館がある、公民館先進地域なのだ。

日本に公民館が誕生したのは、一九四六年の文部省（当時）次官通達「公民館の設置運営について」の発令による。飯田は全国でも最も早く公民館の設置が進んだ地域のひとつで、一九四九年には当時の飯田市内のほとんどすべての地区に公民館が設置されている。さらに、飯田市は昭和の大合併が行われた一九五六年以降も、二〇〇五年の平成の大合併までの間に周辺の八町村を合併しているが、新しく飯田市になったすべての地域に公民館を設置してきている。そしてその公民館には二十代後半から三十代の若手職員が主事として常駐していて、担当する公民館とその分館の運営を支援する。公民館の一角に自治振興センターが併設されていて、わざわざ市の中心部に行かなくても、住民票とかいろいろな役所の書類をもらえるようにもなっている。

一方、公民館および分館の事業企画と運営は、それぞれの地区から選出された住民が行っている。地元の自治会、婦人会などの活動も活発で、これらが公民館や分館と強く結びついていることも特徴のひとつだ。運営費も市と地域住民それぞれが負担しており、分館も単なる地区の集会場ではなく、趣味のサークルなどの組織がかなり活発に活動を行っているのである。

一説によると、主事を経験した人は、その後、市役所の職員として出世すると言う。なぜならば、彼らは地区の人たちに揉まれ、厳しく鍛えられるからだ。三十代前後の若手が主事として公民館に送り込まれる。すると、新しく来た主事を地区の人たちがテストして、駄目なら追い帰したこともあったとか、なかったとか。いずれにしても、地域住民の暮らしに密着し、人々の要望や暮らしの声、地域の実情をしっかりと把握できるようになった人が、立派な行政マンにならないはずがない。

さて、人形劇の本番を迎えると、会場の設営や集客などの事前準備はほとんど、上演会場である公民館ごとの地区実行委員たちが済ませていた。劇人たちは、普段、そういうことは全部自分たちでしなければならなかったので、とても喜んだそうだ。さらに、劇が終わると、地区婦人会の人たちが、「遠いところをよく来てくださった」と言って、冷やしたスイカや、茹でたトウモロコシ、畑で採れたばかりのトマト、おにぎりと自家製の漬物などを持ち寄り、劇人たちをもてなしてくれたからたまらない。思いもかけなかった温かいもてなしに感激してしまった劇人たちは、来年もまた飯田に集まろうと話し合った。口コミで飯田の良さが劇人たちの間に広まり、参加劇団は年を追うごとに増えていった。

飯田市民の間でも、人形劇は徐々に広がっていき、公演の受け入れをしていなかった地区も、自分たちの地区の子どもたちのために人形劇を招きたいと、分散会場として立候補するようになっていった。開催六年目の一九八四年には、市内中心商店街の商店主たちが話し合い、店先に人形を展示する「ウィンドー人形展」を始めて、雰囲気を盛り上げた。一九八八年にはカーニバル開催十周年を記念して、飯田市が人形劇専用劇場を設立し、あわせて「世界人形劇フェスティバル」を開催した。世界三十二カ国から四百三人の劇人を招いての大イベントである。通訳やガイド、手づくりマスコットの製作、キャンペーン・カーに乗り込んでのPR活動など、大勢の市民がボランティアで世界フェスの開催を手伝った。

それ以降も「人形劇カーニバル」の規模は拡大し続け、人形劇ワークショップから誕生した飯田市民による人形劇団も活躍するようになった。現在、その数は五十から六十はあるそうだ。学校主体のものが多いそうだが、人口十万人あまりのまちとしては驚くべき数だ。先に紹介した「あぁ〜れぇ〜」のナンセンス劇を上演しているのも市民劇団だ。実行委員として活動するうちに、人形劇人の気持ちやニーズがより分かるようにと考えて、自らも人形劇を始めたのだそうだ。プロの人形劇人で、飯田に移住してきた人もいる。また、戦後、担い手不足によって衰えかけていた市内の伝統的人形劇にも若手が加わり、活力を取り戻している。こうしたことから、飯田市は「人形劇のまちづくり」で全国から注目を集めるようになっていった。

カーニバルからフェスタへ

ところが、そういいことばかりは続かないのである。飯田市のまちづくりが注目を集め、「モービル児童文化賞」「サントリー地域文化賞」「地域づくり国土庁長官賞」（一九八八年）、「国際交流基金地域交流振興賞」（一九九二年）などの賞を立て続けに受賞する一方で、劇人側には不満が募っていった。当時はプロもアマチュアもノーギャラで、交通費も宿泊費も自腹の上に、全員、参加費まで払っていた。まったくの手弁当である。それは、「人形劇カーニバル」が自分たち劇人のためのお祭りだと思えばこそのことであった。

ところが、規模が大きくなるにつれ、運営の主体は飯田市の行政側に移り、自分たちのお祭りという実感が薄れていった。プロの側には、ノーギャラで、しかも安い入場料で上演することに不満を持つ人たちも出てきた。入場料の価格破壊につながるという危惧を抱いたのだ。おまけに飯田市ばかりが高く評価されて、一部の劇人たちの間には、自分たちは行政に利用されているだけだという気持ちが生まれ始めた。劇人と行政の間は次第にぎくしゃくしたものになっていった。そんな中で、一九九八年、第二十回のカーニバルを記念して、二回目の世界人形劇フェスティバルが開催され、イベントは盛会裏に無事終了した。が、その直後、市が突然、来年以降のカーニバルの中止を市民に通告したのである。

アジアワークショップには劇人たちも大勢参加する

今の若い子たちだったら、「ありえなーい！」と叫んだだろう。一九八八年の第一回世界人形劇フェスティバル以降、実行委員会には大勢の市民が参加するようになっていた。しかし彼らは行政と劇人との軋轢《あつれき》について、何も知らされていなかったので、心底驚いたという。中心となって頑張っていた人たちは、なんとか続けたいと、毎日のように集まって議論を重ねた。そして、行政が手を引くならば、市民の力でこれを続けようと決意したのだ。翌年から、名称を「いいだ人形劇フェスタ」に変えて、再スタートすることになった。

と、説明してしまえば飯田市民の美談で終わってしまうのだが、どうも一連の出来事の裏に、行政と劇人の一部の人たちの意図というか企みのようなものを感じるのだ。現在のフェスタを担っている市民実行委員会の人たちに伺うと、カーニバルの中止は本当に寝耳に水で、なんとか続けたいと市民たちが集まったそうなのだが、その会合も当初はバラバラだったそうだ。あちこちで有志が集まるだけで求心力がなく、現実的な動きがなかなか生まれなかった。しかしその有志たちをつなぎ合わせたのが、市の職員だった。また、カーニバルの終了を宣告した市長の挨拶をよく読むと、「人形劇カーニバル飯田は二十回でいったん終了し、来年度からは新たな人形劇の祭典として出発する」と宣言しているのだ。止めるとは一言も言っていない。そして、市民実行委員会による新たな人形劇の祭典には、これまで通りの二千万円という大型の予算が補助金として下りているし、劇人側の参加者も減らなかった。

つまり、カーニバルの中止宣言は、一種のリセットであり、カンフル剤だったのではないだろうか。不具合になったパソコンを強制終了して再起動すると、なぜか調子よく動き出す。ぎくしゃくし始めた行政と劇人によるカーニバルを強制終了すると、新たに市民が立ち上がった。飯田に人形劇の祭典が十分に根づいていること、公民館活動などによって培われた飯田市民の文化力、この二つを信じて、一部の人たちが行政主導から市民主導への移行を仕掛けたように思えて仕方がない。

日本型ボランティアの力

新しく始まった「人形劇フェスタ」では、主催者である実行委員会が招待した人形劇団には、ギャラも旅費も支払われる。そのほかに、これまで通りノーギャラで旅費も支払わないけれど、参加したければ、ワッペンだけで見られる上演会場はちゃんと用意しますよという劇団と、同じくギャラも旅費も支払わないけれど、有料で公演したければ、そういう対応もしますよという劇団の三つに分かれている。過去の失敗を考慮し、劇人の気持ちを汲んだ対応だ。だが参加劇団の六割近くは、今も手弁当の参加だ。彼らは、やっぱり飯田が好きなのだ。

市民実行委員会は、通年で全体の企画・運営を行う本部実行委員会と、フェスタが近づくと結成されて、地区公演の準備をする地区実行委員会に分かれる。本部実行委員は六十名ほどだが、開催期間中だけ協力する本部付きのボランティア・スタッフは五百人近く存在する。このボランティア・スタッフは、受付やグッズ販売、会場案内、劇人の送迎、広報、記録など、以前は市の職員が行っていた様々な仕事をカバーする。実行委員長（当時）の高松和子さんに、

「ボランティア・スタッフで一番多いのは、どういう人たちだか分かりますか」

と聞かれた。

「主婦とか、お母さんたちですか」

と答えたのだが、はずれ。彼女たちは、地区の受け入れで忙しいので、本部のお手伝いをしている暇がないそうだ。おにぎりをつくったり、スイカを切り分けたり、劇人たちをもてなす大切な任務だ。正解は、なんと中学生だという。

その数は百八十人前後。つい二〜三年前まで、ワッペンを持って、人形劇を観に来ていた子どもたちだ。その中で、高校に入ってもボランティア・スタッフを続ける子は五十人前後。そういう子どもたちの中には、大学生になっても夏休みになれば戻ってきて手伝っている子もいて、立派なリーダーとして活躍しているという。ちなみに、次に多いのは飯田市の職員。以前、仕事として手伝っていた人たちが、今度は一市民としてボランティアでお手伝いしているのだ。とてもいい話だと思う。

高松さんと人形劇を観に行ったとき、受付でたむろしている中学生とおぼしき少年たちに、高松さんが、

「もうすぐ開場時間ね。お客さんがたくさんいらっしゃるから、頑張ってね」

と声をかけると、彼らはいっせいに立ち上がり、

「はい！」

世界中の優れた人形劇が上演される

と答えると、おもむろに全員が、自分のズボンをずりさげ始めた。私が呆れた顔をしているのを見て、高松さんが笑いながら教えてくれた。

「あの子たちにとってはね、ズボンがずり下がっているのがお洒落なのよ。一番カッコいい自分をお客さんに見せたくて、ああやってお洒落してるの」

ところで高松さんは、お寺が経営している幼稚園の園長先生だ。地域文化賞受賞活動のリーダーに多い職業として、先生、お寺さん、自営業の三つが挙げられる。自営業の中では造り酒屋と旅館の主が多い。これらの職業に共通していることがいくつかある。高学歴のUターン者が多く、比較的時間の融通が利き、地域の人々との接点が多いということである。高松さんは先生であり、私立幼稚園の経営者であり、お寺さんでもあるので、強い手札を三枚とも持っていることになる。

一方、地区の実行委員会は、全市で二千百人にも上る。彼らはほとんどの場合、祭りや町内会の「お役」につく感覚で、地域内の持ち回りで実行委員に就任する。つまり、地区の住民として当然果たさないといけないことをやっているだけ、ということなのだろう。そのことについて高松さんが、

「フェスタの実行委員会をNPO法人化すればという話がずっと前からあるんですよ。でも私は、そんなふうに外国の仕組みを真似する必要があるのかな、と思っているの。日本には昔から、地域で助け合ったり、お金を出し合ったりする仕組みとか精神風土があるでしょ。飯田には、それがとても色濃く残っているから、今のままで十分、フェスタがやっていけるように思うの」

と話してくれた。とても考えさせられる言葉だった。

飯田の人形劇と同じように、市民ボランティアが支えている大型のイベントに、函館市の「市民創作「函館野外劇」」がある。こちらは一九八八年に始まっている。毎年、夏の二カ月間にわたり、国の特別史跡である函館五稜郭跡を舞台に、延べ一万四千人の市民がスタッフ、キャストとしてボランティアで参加する野外劇を開催している。五稜郭の戦いのシーンでは、

本物の馬が何頭も駆け回り、火薬を仕込んだ大砲が火を吹く。お堀には船が行きかい、建物が炎上するシーンもある非常にスケールの大きい、スペクタクル劇だ。子どもから高齢者までを含む一般市民のほかに、お医者さんや看護師さん、花火師、消防団の人たちも、ボランティアでこの野外劇を支えている。

欧米では、ユニオン（組合）などの申し合わせで、本業に関わる技能を無償で提供し、他の同業者の生業を圧迫してはいけないという規制がある。函館野外劇のように、怪我人や急病人に備えて、毎日、お医者さんと看護婦さんが常駐し、花火師が大砲に火薬を詰め、炎上した建物を消防団が消すということはできない。だから、これも非常に日本的なボランティアの姿だと言える。

函館野外劇も飯田の人形劇フェスタも、阪神大震災でボランティア活動が爆発的に普及し、「ボランティア元年」と呼ばれている一九九五年よりもはるか以前から、数多くの市民ボランティアに支えられた活動を続けている。実はこの二つの市には共通点がひとつある。飯田市も函館市も大火に見舞われた経験を持っているということである。その大災害の中から、市民が助け合って復興を成し遂げたという歴史を、どちらのまちも大切に語り伝えている。災害で培われた市民精神というものも、両者の成功に関係があるのではないだろうか。

飯田の文化行政の移り変わり

飯田市で人形劇の祭典が始まった一九七九年というのは、実はいろいろな意味で面白い年だと思っている。横浜市で「第一回文化行政シンポジウム」が開催され、大分県の平松守彦知事が「一村一品運動」を提唱し、大平正芳首相の政策研究会「田園都市構想研究グループ」が発足した。サントリー地域文化賞が創設されたのもこの年である。国と地方の両方で、何かと地方に関する大きな動きがあった年なのだ。

一九七〇年代の後半、急速に加速した東京一極集中への反発と、このままでは地方が衰退してしまうという危機感から、地域をなんとかしようという運動が各地で始まり、「地域おこし」とか「まちづくり」という造語が生まれた。一九七六年には神奈川県の長洲一二知事が「地方の時代」を唱えている。

一方、初めて行政課題として文化を取り上げたのは梅棹忠夫先生だ。一九七二年に開催された「大阪文化振興研究会」の席上、教育はチャージであり、文化はディスチャージである。両者はまったく別物で、文化の問題は教育委員会ではなく、首長部局で行うべきだと訴えた。梅棹先生の主張は徐々に浸透し、首長部局に文化課または文化振興課を設置する自治体が増え、「文化行政」に関する議論も盛んになっていった。梅棹先生が座長を務められた「田園都市構想研究グループ」の文化部会では、政治は地域の文化開発をすべきという提言書をまとめている。

自治体による文化ホールづくりが盛んになったのも一九七〇年代に入ってからである。文化ホールといっても、行政の公平・平等原理から、演劇・音楽・舞踊・作品展示・講演会などなんにでも使える「多目的ホール」が当時の主流だった。陰では「無目的ホール」、ハード先行の「ハコモノ行政」とも揶揄されていた。それでも、練習や発表の場所が増えたことでアマチュアの劇団、合唱団、交響楽団、美術サークルが全国で次々に結成され、既存の団体の活動も活発になった。一九八九年に大阪文化団体連合会が、大阪府・京都府・兵庫県内の新設ホールを利用する地元文化団体にアンケート調査を行ったところ、すべての回答者がホールができたことで自分たちの活動が活発になり、潜在していた市民の文化への関心も顕在化したと答えている。

こうしたことについて、梅棹先生は「そら、当たり前です」とおっしゃっている。

「ハードはソフトに先行するんです。テレビができるまで、テレビ番組なんてなかった。カラオケの機械ができるまで、普通の人は伴奏付きでマイクを持って歌ったりしたことはなかった。機械というハードが生まれたから、ソフトが後から生まれたんです。ハコモノ行政と批判ばかりしている人たちは、ホールができたら使おうとする、住民の潜在的な文化力を分かってないんです」

さてつまり、一九七〇年代に入って地域と地域文化に対する関心が高まり、それが地方行政と国政の両方に凝縮されて現れているのが、カーニバルが始まった一九七九年という年で、これ以降、全国の地域文化活動は登り坂に入る。梅棹先生は、

「賞をつくったとき、五年もしたら、賞を差し上げるべき活動がなくなるんやないかと心配でした」

とおっしゃっていたが、決してそんなことはなかった。賞ができた一九七九年以降に誕生した活動が、どんどん受賞しているのだから。

次に飯田の人形劇にとっての大きな転換点になる「第一回世界人形劇フェスティバル」が開催された一九八八年は、竹下登首相の「ふるさと創生一億円事業」が始まった年である。私は実は、この一九八八年からの十年くらいを「文化行政のバブル期」と考えている。一九九六年に文化庁が発行した「地方文化行政状況調査報告書」によると、この時期、自治体の文化予算は毎年二〇パーセントを超える伸びを示している。飯田市でも、世界人形劇フェスティバルの総予算は四千万円と別格だが、翌年以降も毎年のカーニバルに市から二千万円の助成金が支出されるようになった。

このバブルの時期、音楽や演劇などの専用ホールと地域の歴史博物館などの建設が全国で

盛んに行われた。一九九一年に日本経済のバブルがはじけても、ハコモノ行政はしばらく続いた。いや、バブルが崩壊したからこその景気対策の側面も窺われ、「ゼネコン文化」と批判するひとたちもいた。七〇年代に流行った多目的ホールとは異なり、専用ホールは非常にお金がかかる。そのうえ、地域住民が使うことを考えて、みんなが使えるようにつくった多目的ホールとは異なり、専用ホールはプロもしくはその分野の人にしか使えず、稼働率が低いところも多い。現在、日本にはパイプオルガンを備えた音楽専用ホールが数十館ある。歌舞伎や人形浄瑠璃の専用劇場より多いと思う。また、日本在住のプロのパイプオルガニストの数よりも多いかもしれない、と言った人もいる。パイプオルガンを必要とする楽曲も限られていて、日本にこんなにたくさんのパイプオルガン付きのホールが必要なのかと首を傾げざるを得ない。

この時期に立てられたバブリーなホールが、本当に地域文化に役立っているのかという疑問も感じる。地域住民に良質の文化を提供するという趣旨が、これらの専用ホールを建設するときに謳われているのだが、良質な文化というのは、基本的に地域外のプロによる文化のことであって、地域住民は文化の創り手ではなく、消費者として想定されている。提供された地域外の文化がどう地域文化に関わってくるのかが問題だ。

ただ、近年では公立ホールのあり方をきちんと見直そうという動きが盛んで、専用ホールで地域住民を巻き込んだユニークな活動をしているところも増えている。一九七〇年代に建てられた多目的ホールが、結果的に住民の文化活動を活発にしたように、一九八〇年代後半から九〇年代に建設された専用ホールが、地域文化にどのような役割を果たすのか、それが分かるのには、もう少し時間の経過が必要なのかもしれない。

むしろ、もっと深刻なのは、展示するべきもの、歴史的な原資料がないのに無理やりつくったような博物館のほうかもしれない。私は博物館が大好きなので、地方に行って時間があれば博物館をのぞくようにしている。だがしかし、代理店などの業者にしこたまお金を払わされたであろうCG満載の映像や、無駄にお洒落に展示されている複製品でお茶を濁し、建物ばかり立派で中身が空疎な博物館に出会うと、暗澹たる気分になる。

入ったときと出てきたときを比べて、私はちっとも賢くなっていない。面白くも楽しくもなかった。入場料を返せと言いたくなる。このバブルの殿堂は、その地域の住民の税金だけでなくて、ジャブジャブ注ぎこまれた国からの補助金も使われているわけで、私の血税も釘の一本くらいには使われているのかと思うと腹がたつ。私憤である。が、禁じえないのである。

もちろん、コンセプトがしっかりとしていて、地域の歴史と文化を詳しく分かりやすく紹介し、学芸員の熱意や深い知識を感じさせる素晴らしい博物館もたくさんある。それでも、そういうところは、建物にはあまりお金をつぎ込んでいないところがほとんどだ。建物よりもソフトにお金をかけ、地域住民を巻き込む工夫も凝らされている。ホール以上に、リピーターが来にくい博物館のほうが、地域住民を巻き込むための智恵と努力が必要なのだ。ちなみに、飯田市でも、一九八八年に人形劇専用劇場と美術博物館がオープンしている。ともに空疎なバブルの殿堂などではなく、きちんと中身が詰まっていて、地域住民に愛され、活用されている。

そして、私が文化行政のバブルがほぼ終わったと考えている一九九八年、行政主導の人形劇カーニバルが終了し、市民主体の人形劇フェスタに移行する。ただし、飯田市の場合、市民による実行委員会に対して、一九九八年以降も、現在まで補助金の額が減ったわけではない。事務局業務は数名の市の職員が専従で行うなど、サポート体制も万全である。行政が完全に手を引いたわけではない。ただ、飯田市の文化行政にとって一大プロジェクトであった人形劇の祭典が、民間主導に移行したことは間違いない。

飯田の文化行政は、公民館の活用や人形劇のまちづくりなど、全国的に見ても先進的であり、かつユニークだと思う。だが一方で、戦後すぐの公民館運動から始まり、時代とともに変化してきた日本全体の文化行政の移り変わりに、ぴったりと寄り添ってきている。その意味で、人形劇フェスタも時代が産み落とし、時代が育てた地域文化と言えるのだと思う。

数年前、母校の大阪大学で、文系全体の学部生を対象にしたひとコマだけの特別授業をしたことがある。「地域の文化力」をテーマに、各地の地域文化活動を紹介した。授業が終わった後、法学部で行政学を学んでいるという男子学生がやってきた。飯田市の出身だと言う。ふるさとを授業で取り上げて、誉めてもらえたことにお礼を言いたかったそうだ。そして、「子どもの頃、夏になると人形劇を観ていましたが、あれはどこの町でもやっているものだと思ってました」

と言う。そんなことはないですよ。人形劇のイベントをやっている町は他にもいくつかあるけれど、どこでもやっているわけではないし、飯田の人形劇は、歴史といい、規模といい、レベルといい、おそらく日本一の人形劇ですよ、と教えてあげると、彼は嬉しそうな顔をしながら帰っていった。

彼が将来、飯田に帰って就職するかどうかは分からない。だけど、どこの町で暮らすことになっても、結婚して子どもができたら、自分の子どもに人形劇を観せるために、夏にはぜひ、ふるさとの飯田に帰ってほしいなと思った。

目指すは日本一のアマチュア
——大阪府能勢町「能勢　浄瑠璃の里」

大阪のてっぺん、能勢町

大阪府の最北端に位置する大阪府豊能《とよの》郡能勢町《のせちょう》。北摂山地の中、標高二〇〇メートルから五〇〇メートルの位置にあるため、大阪市内よりも五度くらい気温が低いこともある。そのため、「大阪の北海道」とか「大阪のチベット」などと言われることもあるそうだ。でも最近は、町の人たちが自ら、わが町のことを「大阪のてっぺん」と自称している。なんだか、〝えへん!〟と小鼻を膨らませているお顔を想像してしまい、ほほえましい。

その能勢町に行くには、阪急梅田駅から宝塚線に乗り、川西能勢口で能勢電鉄に乗り換える。しばらく郊外住宅地が続くのだが、能勢電が平野駅を過ぎた頃から、車窓から見える緑が五〇パーセントくらい増量する。そして山下駅でバスに乗り換え、十分くらいすると、景色は完全に山の中。大阪の中心部からほんの一時間くらいしかたっていないのに、と軽い驚きを感じる。

しばらくそうした風景が続き、能勢町の中心部にたどり着くと、今度は一変して豊かな山里の風景が広がる。能勢は丹波方面から池田を抜けて大坂へと通じる街道筋にあり、『日本書紀』、『続日本紀《しょくにほんぎ》』にも地名が出てくるくらい歴史の古い町だ。後に紹介する能勢の浄瑠璃文化の開祖とも言える人の菩提寺で、住職さんに伺った話では、古代には多くの寺院が立ち並び、仏教文化圏として栄えていたということだ。近世になってからは能勢妙見宮が妙見信仰の参拝客で賑わい、換金作物である高級栗「銀寄《ぎんよせ》」やお茶席で珍重される「菊炭《きくすみ》」の産地として潤った。そのせいか立派な構えの家が目につく。長谷地区には、「日本の棚田百選」にも選ばれた棚田が広がる。

そしてこの町に入ると目につくものがもうひとつある。道路わきに立てられた「ようこそ浄瑠璃の里　能勢町へ」という看板だ。この能勢町には江戸時代から、三味線と語りだけの「素《す》浄瑠璃」の伝統が伝わっている。浄瑠璃とは、複数の登場人物の行動やしぐさ、せりふを、三味線の伴奏に合わせて太夫《たゆう》が語る日本版のオペラだ。オペラと違って太夫自身は演技をしない。三味線の伴奏はあるが、浄瑠璃は歌うものではなく、語るという。その浄瑠璃に合わせて人形が演技をするものを「人形浄瑠璃」という。「素浄瑠璃」は人形のつかない、語りだけの浄瑠璃のことである。

能勢町の人口は一万人あまり。そこに浄瑠璃の太夫が二百人以上暮らしている。そんな町は、日本、いや世界広しと言えども能勢だけだと思う。「文楽座」の太夫さんだって、二百人はいないのだから。能勢では、住人のほとんど全員が、友人か家族、親戚、ご近所さんなどの知り合いに、誰か一人は浄瑠璃に関わっている人がいるそうだ。以前は、「浄瑠璃も語れんような奴に、娘は嫁にやれん！」と言われるような土地柄だったとか。浄瑠璃を語ることが、地域での社交にとって重要なツールだったし、一人前の地域住民としての証にもなっていたのだろう。

能勢独特のおやじ制度

能勢で浄瑠璃が始まったのは、江戸時代後期のことだと言われている。その頃、上方の町人の間では、浄瑠璃を語るのが大人気だった。能勢でも大坂で聞き覚えた浄瑠璃を酒席で披露したり、同好の仲間が集まって浄瑠璃の会が開かれたりしていた。そして文化年間（一八〇四〜一八）に、医者の家に生まれた杉村量輔という人が、医学を学ぶために大坂に出て、文楽座の太夫のもとで数年間にわたり浄瑠璃を修業した。「医学の勉強はどうしたんだ！」と思わずつっこみたくなるが、能勢に帰ってからちゃんと医院を開いている。その家業の傍らで、竹本文太夫と名乗り、弟子を集めて浄瑠璃を教え始めた。

その後相次いで能勢から二人の住人が大坂に出て行った。同じく数年の修業を積んで帰り、それぞれ竹本井筒太夫、竹本中美《なかみ》太夫と名乗って弟子に浄瑠璃を教え始めた。三派が競い合い、協力し合って今日まで浄瑠璃の伝統が続いてきたのだ。この伝統が続いてきた最大の原因と言われているのが、能勢独特の「おやじ制度」という仕組みなのだ。

各派のトップ、いわゆる家元のようなものは、世襲制ではない。各派のトップがこれぞと思った人を自分の後継者に指名するのである。指名された人は、脇太夫として文太夫、井筒太夫、中美太夫を名乗るトップを支え、やがてその人が引退すると、自分が太夫の名前を引き継ぎ、次の後継者となるべき脇太夫を指名する。太夫または脇太夫の最も大きな責任は、数名の弟子を育てることである。自宅を練習場として開放し、浄瑠璃を習わせる。一通りの稽古が終わり一人前になる「稽古上げ」までは、浄瑠璃関連の様々な会合に出る場合、弟子の飲食代もおやじが負担する。芸の精進をする上での親代わりであり、親しみと尊敬を込めて、弟子たちから「おやじ」と呼ばれている。こうして太夫が変わるたびに、新しく弟子となって浄瑠璃に関わる人が増えていく仕組みが、能勢の伝統を守ってきたのだ。

ただ、弟子を育てるのは、けっこう大変なようだ。一昔前は、おやじになったら身代が潰れるとか、だれそれは田んぼを売ったとか言われて経済的な負担もかなり大きかった。今はそんなことはない。おやじの任期も、以前は十年ぐらいだったものが、三〜四年と短くなっている。それでも、自宅で稽古をするための茶菓の用意や、様々なつきあいがあり、奥さんの協力が不可欠だ。おやじを受ける際、奥さんの同意を得ることが第一の難関だろう。そしておやじになったあとにもうひとつ大変なのは、弟子を集めることだ。

昔とは違って、今はすすんで浄瑠璃をやりたがる人がなかなかいない。だから、おやじになったら、ともかく周囲に声をかけまくる。第三十八代竹本文太夫こと大植《おおうえ》元信さんと第四四代竹本井筒太夫こと岡本勲さんのお二人も、若い頃は絶対、浄瑠璃などやりたくないと思っていたそうだ。ところが五十代になってから、ほとんど無理やり弟子入りさせられた。五十の手習いだ。大植さんは、初稽古のときに、自分でも意外なことにすっと声が出て面白いと思ったそうだが、岡本さんは十年くらい、嫌で嫌でしょうがなかったとか。それでも続けられたのは、上手に誉めてくれる人がいたからだとお二人ともおっしゃっていた。お二人とも今はすっかり浄瑠璃に取り憑かれている。ちなみに、大植さんは銀行を退職されて今は栗栽培農家、岡本さんは薬屋さんだ。

太夫になるときに代々伝えられる品というものを岡本さんに見せていただいた。江戸時代から伝わる、代々の太夫とその弟子たちの名前が記された台帳。巻物には太夫の心得が記されていて、その中に、人の悪いところを言い立てたり、批評してはいけないと書いてあるそうだ。誉めて伸ばすのが能勢流の育て方なのだろう。他にもこの巻物には、風呂場で浄瑠璃を語ってはいけないとか、農作業をしながら、あるいは道を歩きながら語ってはいけないなどの戒めが書かれている。岡本さんに伺うと、

「風呂場で語ると実力以上にうまく感じられてしまうんですよ。俺はうまいんやと錯覚してしまう。何かほかのことをしながらだと、鼻歌になってしまう。腹に力を入れられないし、不真面目だからあかんのでしょうね」

とのこと。能勢の先人たちはすごくストイックに浄瑠璃に取り組んでいたんだなと思う。

二〇〇一年、中《なか》和博さんが初代竹本東寿《とうじゅ》太夫を名乗り、新しく一派を旗揚げした。三派のおやじたちが話し合い、おやじが居ない東部地区にも新しく一派をつくってはどうかと中さんに白羽の矢を立てたのだ。二十一世紀に入ってから、新しい一派をつくろうという、現代のおやじたちのチャレンジ精神には脱帽するほかない。

浄るりシアターの誕生

伝統が脈々と息づく能勢町で、その潮目が変わったのは、町立の文化ホール「浄るりシアター」が開館した一九九三年からだ。このホール、当初は普通の多目的ホール「ふるさと会館」として建設が予定されていた。だが、町の特色を出し、能勢から文化を発信しようと、

浄るりシアターで演じられるオリジナルの「能勢三番叟」

完成直前になって路線を大転換した。この浄るりシアターを拠点にして、能勢の浄瑠璃は第二ステージに進む。能勢の浄瑠璃はそれまで、三味線と語りだけの素浄瑠璃だったことは前にも紹介した。つまり、人形がないのだ。そこで、浄るりシアターは人形浄瑠璃のプロデュースに取り組んだ。

新たに、囃子と人形を取り入れ、人形浄瑠璃を始めるというのは、簡単ではなかった。浄るりシアターが指導を仰ごうとしたのは、大阪の人形浄瑠璃「文楽座」の太夫と人形遣い、三味線の人たち。それも語りの人間国宝の竹本住大夫《すみたゆう》さん、人形遣いの人間国宝の吉田簑助さんらプロ中のプロだった。なんとも恐れ多い……。人形遣いの修業は、「足十年、左十年」と言われ、足だけを動かすのに十年、その後左手を遣うのに十年修業して、それからやっと、首《かしら》と右手を扱う主《おも》遣いの修業をするというほど、厳しく長い修業が必要とされるのだ。それを素人ばかりでいきなり人形浄瑠璃をやろうとするなんて。

「あかん。無理や」

と断られるのは当然だった。

それでも、粘った。当時、何度も文楽劇場に通い、住大夫師匠、簑助師匠らが外で出演するときにも訪ねて行ってお願いを繰り返していた浄るりシアター館長の松田正弘さんは、「ほとんどストーカー状態でしたよ。日本全国を追いかけまわしましたもん。ええ加減にせぇって言われましたけど、やめませんでした。このお二人を口説き落としたら、きっと他の方々も協力してもらえると思って必死でした。ともかく、能勢で人形浄瑠璃をするんやったら、全部、一流のプロのもとで育てたいと思ってましたから」

と語る。そして、根負けしたのか、喰らいつく根性が気に入ったのか、二人の人間国宝から承諾の返事をもらえたのは、依頼を始めてから二年後の一九九六年のことだった。

ザ・能勢人形浄瑠璃のデビュー

浄るりシアターでは、さっそく、人形浄瑠璃に参加する人たちを集めることにした。新しく加わる人形と囃子、それから、三味線をしたいという人を公募。語りには各派から二〜三人ずつ太夫を出してもらうように要請した。その結果集まった八十人あまりが、文楽座のそれぞれの専門家の指導によるワークショップに参加し、練習を積み重ねたのである。

人形遣いの公募に応じ、現在、浄るりシアターの座付き劇団「鹿角座《ろっかくざ》」の座長を務める狭間みのりさんが、当時のことを話してくれた。

「私、最初はお人形をつくるワークショップかと思って応募したんですよ。人形遣いやのうて、人形づくり。そやけど、やってみたら面白かった。人が手に持つことで、人形に命が宿る瞬間が大好きなんです。

文楽座から来てくださっている先生たちは、そら厳しかったですよ。いややったら、いつでも辞めたらええって、ビシビシ叱られました。そやからみんな、意地でも辞めるもんかと言うてました。文楽座には何度も観に行きました。ほんまに素晴らしい舞台で、それを観たら、自分らももっと頑張ろうって思うんです。ちょっとでもあれに近づきたいて。まだ、一度も先生たちに誉めてもろたこと、ありませんけどね」

囃子、三味線も文楽座から先生を派遣してもらった。松田さんの目論見通りの結果と言える。それにしても贅沢な陣容だ。全国に数多く存在する伝統的な人形浄瑠璃。それに関わる人たちにとって、文楽座の人たちの指導を頻繁に受けられるなんて、夢のような話だと思う。大阪に近いという地の利もあるが、ほとんどの人形浄瑠璃は民間団体で、予算も非常に小規模なものばかりだから、経済的にもとても無理。町の文化予算を使える浄るりシアターならではの、非常に恵まれたスタートだった。むろん、住民全員、知り合いの誰かが浄瑠璃に関わっているという、この町ならではの思い切った文化行政でもある。

一方で松田さんたちは、能勢オリジナル作品の制作と、やはりオリジナルの人形の制作に取り組んでいた。このときに制作された「能勢三番叟《さんばそう》」は能勢の祭りや名所、特産物が織り込まれたもので、現在も公演の幕開けに演じられる定番の出し物となっている。もうひとつの「名月《めいげつ》乗《にのせて》桂木《かつらぎ》」は、全国から台本を公募した。文楽座の鶴澤清介氏が作曲し、同じく文楽座の吉田簑太郎氏（現・三世桐竹勘十郎氏）が演出。人形は阿波木偶《でく》制作保存会の甘利洋一郎氏に依頼した。遣い手に女性が多いことから、できるだけ人形を軽くするために、衣装に洋服の生地を用いるなどの工夫をした。この方針はその後も受け継がれ、「傾城《けいせい》阿波の鳴門」の、「あ～い～、かか様の名はお弓と申しますぅ」のせりふで有名な少女、お鶴の格子縞の衣装は、バーバリー風なのである。

そして、約二年の準備の期間を経て、一九九八年、ザ・能勢人形浄瑠璃がデビューした。

目指すは日本一のアマチュア

デビューから八年後の二〇〇六年、ザ・能勢人形浄瑠璃のメンバーたちが、浄るりシアタ

宇宙人が登場する能勢オリジナル演目「閃光はなび」

ーの座付き劇団「鹿角座」を旗揚げした。語り、三味線、人形遣い、囃子の四業からなり、座員は現在六十名。そのうち小学生から高校生までの子ども浄瑠璃、別名「バンビチーム」が二十一名いる。中には相当、筋がいい子もいて、将来、文楽座に入って、プロになってくれないかなと、大人たちが密かに期待している。さらに彼らの活動を助けるために浄るりシアターのワークショップで育てた裏方集団「夢舞《むーぶ》」も活動を始めた。

人間国宝の住大夫師匠、簑助師匠を監修に、「鹿角座」はどんどんレパートリーを増やしていった。オリジナルの新作はその後、二本制作。風の神様と雷の神様が力くらべをする「風神雷神」と、宇宙人が登場する「閃光はなび　～刻《とき》の向こうがわ～」である。また、古典にも意欲的に取り組み、「傾城阿波の鳴門　十郎兵衛住家の段」のほか、「伊達娘恋緋鹿子《こいのひがのこ》　火の見櫓《やぐら》の段」「仮名手本忠臣蔵　裏門の段」「絵本太功記　夕顔棚の段・尼が崎の段」「日高川入相花王《いりあいざくら》　渡し場の段」「壺坂観音霊験記　沢市内より山の段」をレパートリーに加えている。浄るりシアターでの公演だけでなく、出張公演も精力的にこなし、年間公演回数は三十回ほどに及ぶ。

　座員たちは、文楽座の師匠たちに指導を受けられる幸せを十分に自覚し、感謝している。文楽座で観る師匠たちの芸に魅せられて、座長の狭間さんだけでなく、みんなが、少しでもそれに近づきたいと願う。恵まれた環境と、高いモチベーション、向上心を武器に、「鹿角座」が目指すのは、日本一のアマチュア人形浄瑠璃である。

　三味線のメンバーの中でもとくに熱心な岡田耕平さんと高見均さんは、文楽座の鶴澤清介氏に弟子入りし、プロの協会に入会を許されるまでに修業を積んでいる。ただし、鹿角座で活動する以上は、無給のアマチュアである。また、文太夫こと大植さんは、二〇一二年におやじに就任してから、鹿角座の三味線弾きに伴奏を頼んで、自ら弟子を指導し始めた。実は、能勢ではここ五十年あまり、浄瑠璃はおやじ自身が教えるのではなく、おやじの家に専門の浄瑠璃の先生、三味線が弾けて、浄瑠璃も語れる先生を招いて新人を育てていたのだ。だが大植さんは、かつてのおやじ本来の姿で、弟子を育てるという責任を果たそうとしている。

人形遣いの指導を受ける鹿角座のメンバー

おやじとして弟子を教えるのも無償の行為。能勢は、伝統的なアマチュアの里なのだ。

能勢には人形の伝統がなかったから、新しいレパートリーが加わるたびに人形をつくらなければならない。その際、松田さんは、徹底して能勢のオリジナルにこだわる。

「伝統のすごさは、以前よりもずっと強く感じています。二五〇年かけてつくり上げてきた伝統的な首《かしら》が、舞台で見せる生き生きとした表情は驚くほどです。でも、そこに何か、現代的な意味を付け加えたい。伝統の良さは活かしながらも、二五〇年後の人たちに、僕たちが生きている〝今〟を知ってもらいたい。感じてもらいたいんです」

そして、ふっくらした唇の、人気女優の顔をモデルにした首の制作を依頼するなど、今の日本人の美意識を取り入れた首や衣装を制作している。こうした松田さんたちの姿を見て、住大夫師匠がこう言って応援してくださったそうだ。

「ええか、今の浄瑠璃もな、その時代その時代で太夫たちが変えてきたものなんや。そやから、頑張りや。今、あんたらが創って行くんやで」と。

松田さんは大学を卒業するとき、東京での就職が決まっていた。だが、家の事情で仕方なく、数年だけのつもりで能勢にUターンし、能勢町役場に入った。すぐにオープン前の浄るりシアターの担当に回され、以来ずっとこの仕事を続けてきている。人形浄瑠璃だけでなく、公立ホールとしての浄るりシアターのプロデュースにもこだわっている。松田さんは言う。

「能勢くらいの大きさの町やからこそ、思い切り、本当にやりたいことができるのかもしれないなと、この頃になって思うんです」

六月能勢浄るり月間

昔、能勢の人たちは雨が降ると農作業ができないので、集まって浄瑠璃の練習をしたり、語って楽しんでいたという。梅雨のために雨が多く、田植えも終わった六月は、いわば浄瑠璃シーズン。その六月に、浄るりシアターでは、「六月能勢浄るり月間」と銘打って、鹿角座の定期公演を行っている。

浄るりシアターのまわりには、赤や青、黄色の幟がはためいている。館内にぞろぞろと吸い込まれていく観客。ザ・能勢人形浄瑠璃のデビュー以来、定期公演はほぼ毎回満員御礼の大盛況だそうだ。ロビーには、能勢の素浄瑠璃の歴史を説明するコーナーや、人形たちが展示されている。壁面には「まねき」が百十三本掲げられている。「まねき」とは、歌舞伎座の正面に出演者の名前を張り出し、お客を招くものだが、このホールはちょっと違う。鹿角座の旗揚げの際、寄付をしてくれた地元の個人や企業の名前を勘亭流で大書して掲げているのだ。町立ホールでは珍しい試みではないだろうか。一方で町立ホールらしい風景は、物産品コーナー。地元婦人会や町内会の人たちが、野菜やお菓子、加工品、お弁当を売っている。やがて、開演時間が近づくと、二階入り口のところで呼び込み太鼓が打ち鳴らされ、いよいよ鹿角座の公演が始まる。

鹿角座の公演は何度も見たが、二〇一三年の浄るり月間の公演はひときわ面白かった。出し物は「能勢三番叟」「絵本太功記　夕顔棚の段・尼が崎の段」「伊達娘恋緋鹿子　火の見櫓の段」の三本だが、幕間には、それぞれの物語の背景、あらすじを説明する巨大紙芝居が入る。これがとてもよくできている。絵もナレーションも素人とは思えないほど、分かりやす

子ども人形浄瑠璃「鹿角座　バンビチーム」の語りと三味線

くポイントを押さえているし、素朴でプロっぽくないところがまたいい感じなのだ。

「絵本太功記」のトリの太夫を務めたのは、一日目が井筒太夫の岡本さんで、二日目が文太夫の大植さん。本番前日に普段着でお会いしたときは、近所のおっちゃんという感じだったけれど、鹿角座の紋が入った裃をきりりと身に着けた姿は、いかにも伝統ある一派を担う太夫。浄瑠璃というのは、太夫一人ですべての登場人物の心情を吐露するところが真骨頂なのだが、律儀ものの老母、妻、英雄豪傑になりきり、哀訴し、すすり泣き、うなる語りを聞いていてふと思った。知っている人が語る浄瑠璃は、これまで以上に、すっと感情移入できる。もしもこれが私だけに限ったことでなければ、能勢が地域ぐるみで浄瑠璃に熱中した背景には、身内が語る浄瑠璃を聞くという楽しみ方もあったのかもしれないなと。

また、「伊達娘恋緋鹿子　火の見櫓の段」は、三味線、浄瑠璃、人形のすべてを、子どもたちが演じる子ども人形浄瑠璃、「鹿角座　バンビチーム」によるものだった。子どもたちの背丈に合わせ、人形は特注。お七の首を遣う中学二年生の内山航輝君の真剣できりっとした男らしい表情と、終演後、人形を持って観客を見送るときの、まだあどけなさの残る笑顔の落差がとても好もしかった。

観客の大半は能勢町の人たち。終演後のロビーでは、出演者に「よかったよ」とか、子どもたちに「上手になったねぇ」と声をかける人たちで溢れている。いかにも顔見知り同士、毎年見に来ていることが分かる会話だ。その中で、浄るりシアターのスタッフの方に、声をかけている女性がいた。小学生低学年くらいの少年とかなりご高齢のおばあちゃんも一緒だ。

「息子がいつもお世話になってます。お兄ちゃんの三味線を見て、この子もやりたい言うてます。この子も来年からよろしくお願いします」

「ほうか。君（少年に向かって）も三味線か?」

「この子は浄瑠璃をやりたいんですって」

「そらええですねぇ。おばあちゃん、ひ孫の三味線でひ孫が浄瑠璃を語るのを聞けるまで、頑張って長生きせなあきませんねぇ」

プロの三味線弾きの協会にも入会している岡田耕平さんと高見均さん。岡田さんは能勢生まれの能勢育ち。お父上は文太夫派のおやじを務め、岡田さん本人もかつて文太夫派に入門し、竹本文平の名前をもらっている。地元唯一のショッピングセンターの経営者だ。一方、高見さんは岡山県の出身で、歯科技工士として能勢にやってきた。二人はともに、浄るりシアターで募集していた三味線ワークショップに参加。後に文楽座の鶴澤清介氏に師事し、それぞれ鶴澤清升《せいしょう》、鶴澤清尤《せいゆう》という名前をもらっている。

こうしてどっぷりと三味線と浄瑠璃にはまって、岡田さんはふと気がついた。浄瑠璃の床《ゆか》本《ほん》（台本）を乗せる見台《けんだい》をはじめ、浄瑠璃に必要な道具が、べらぼうに高い、と。今、見台をつくっているところは日本には存在しないそうだ。だから、骨董品として出回っているものを使うか、専門ではない業者に特注しなければならない。商売人としての岡田さんは考えた。

「能勢で作れるやん。能勢でつくって、全国に売ったらええやん」

実は、能勢には欄間や祭礼具製造の伝統工芸の技術が伝わっている。この技術を活かせば見台をつくれる。また、歯科技工士の高見さんの技術を活かせば、三味線用の駒や細かい作業が必要な根付などの製作も可能である。そこで商工会青年部時代の仲間に声をかけ、欄間職人の大石善一さん、漆塗り、彫金、蒔絵などの技術を持つ祭礼具製造・販売の谷尾剛さん、商工会事務局の小倉順一さんらと「伝統文化の黒衣隊《くろこ》」を結成した。

透かし彫りや塗り、蒔絵のついた見台のほか、人形の首を遣う主遣いがはく高下駄や浄瑠璃の台本である床本も製作した。三味線のバチや糸を支える駒は、高価な象牙や水牛の角でできているが、高見さんが特殊なプラスチックを利用して練習用を開発した。製品は浄るり月間の折に会場で展示・販売されていて、能勢の物産の中でも一際目を引く。製造だけではなく、長年大事に使われてきた道具の修復なども行っているし、近年は、彼らがつくった製品が文楽座のプロたちにも愛用されていて、大阪の国立文楽劇場で販売もされている。また、インターネットでも販売しており、全国から問い合わせが来ている。

ひとつの文化活動から、地場産業を活かした新しい産業が生まれたのだ。黒衣隊の面白いところは、問い合わせが来たら、ひょいっと気軽にそこに行ってしまうところだ。メンバー最年長の岡田さんが五十歳で、後は三十代と四十代。行動力・実現力を兼ね備えた、脂が乗り切ったおじさん盛りだ。出かけていった先々で、全国の人形浄瑠璃、伝統文化に関わっている人たちとのネットワークが生まれている。岡田さんは言う。

「今は、黒衣隊の儲けのほとんどが、全国に出かける旅費に消えてます。そやけど、このネットワークは将来絶対生きる。今に、人形浄瑠璃のことは黒衣隊に聞いたらええ、と言われるようになれたらと思います。僕らの子どもの代に、儲かるようになってたらええんです」

儲かってはいないと言っているけれど、岡田さんも仲間の皆さんも、全国に出かけて行くのが楽しくて仕方がないご様子。十分、元はとってはりますやん。


二〇一三年九月、能勢人形浄瑠璃の神社公演を観にいった。浄るりシアターでの公演は何度も観に行っているが、野外での公演を観るのは初めてだった。会場となった倉垣天満宮は平安時代中期の創建という歴史のある神社だ。歌垣山の麓にある社へと向かう参道は蠟燭の灯りで照らされ、ムード満点。ちなみに歌垣山というのは、万葉の時代から男女が集まり歌合せ（歌垣）が行われた山で、日本の歌垣三山のひとつに数えられる、こちらも由緒正しいお山なのだ。拝殿に置かれた、上演目録を大きく筆書きした屏風もお洒落だ。後ろからライトアップされて、闇に浮かびあがっている。

オープニングは定番の「能勢三番叟」だ。舞台奥に設置された大きな白い紙に、三番叟を踊る人形の影絵が映ったかと思うと、その紙を破って、中から人形たちが飛び出してくるという新趣向が凝らしてあった。この演出と拝殿の屏風は、浄るりシアターがインターンとして受け入れている大学生たちのアイディアだそうだ。

能勢人形浄瑠璃の神社公演——客席と舞台が近い

「やっぱり、若い人たちの発想は自由でいいですね」

と話す松田さん。そういうアイディアを面白いと言って受け入れる能勢の皆さんも気持ちがお若い！

続いて演じられたのは素浄瑠璃の「艶容《あですがた》女舞衣《おんなまいぎぬ》　酒屋の段」、人形浄瑠璃「傾城阿波の鳴門　巡礼歌の段」と「伊達娘恋緋鹿子　火の見櫓の段」。「傾城阿波の鳴門」がかかるといつも泣いてしまうのだが、今回は娘・お鶴が「かか様に、ひと目会いたいぃ〜」と泣くいじらしい姿ではなく、娘を想って煩悶する母・お弓の姿にぐっと来てしまった。太夫の芸の力によるものか、私の年齢によるものか……。

舞台の後ろには樹齢何百年という杉の大木

がそびえ、木の香りが漂い、すだくような虫の声が聞こえてくる。ときおり舞台脇の篝火を揺らす夜風も心地いい。地べたに敷いたビニールシートに座っている三百人あまりの観客は、ほとんどがご近所にお住まいの方々。観劇料は無料だ。

さすが浄瑠璃の里、語りの名場面になると掛け声が飛び、拍手が沸き起こる。そういえば、これはシアター公演では見られなかった光景だ。近代的な劇場の中では感じられなかった親密感が会場に満ちている。なんだかまるで、ずっと昔から続いている村祭りのよう。そこにこっそり紛れこませていただいたような感じがしてとても嬉しかった。でも神社公演は、能勢に人形浄瑠璃が誕生してから始まったものだから、まだ六年の歴史しかない。江戸時代から続く素浄瑠璃の伝統と、しっかりと地域に根ざしたコミュニティがあるからこそ、こんなに味わい深い趣が生まれるのだろう。能勢の人たちが演じ、能勢の人たちが観て、楽しむ。究極のアマチュアによる地域文化が、この町の歴史と文化の中に息づいている。

感動体験こそ教育だ
——沖縄県うるま市「現代版組踊「肝高の阿麻和利」」

中高生による大ヒットミュージカル

満天の星空をバックに、黒々と聳え立つ勝連《かつれん》城跡。ユネスコの世界遺産に登録されている石組みの壮大な城跡だ。耳を澄ますと、虫の声も聞こえてくる。自然と人工がおりなす素晴らしい環境の中で、このお城を舞台に繰り広げられた古《いにしえ》のロマンを描く「現代版組踊《くみおどり》『肝高《きむたか》の阿麻和利《あまわり》』」が上演されている。

雪合戦の章でも書いたが、雨女の私。上演前、台風が沖縄に接近していた。最近こそ歳のせいかパワーが落ちてきたけれど、かつては、私が地方に行くと度々豪雨、暴風雪、落雷、濃霧に見舞われた。一緒に地方に行って、傘が役に立たないくらいの大雨に遭い、二度もずぶ濡れの憂き目にあった人から「雨女じゃなくて〝嵐を呼ぶ女〟だ」と言われたこともある。

100人を超す子どもたちが放つエネルギーは圧倒的だ

屋外のイベントなどは、お天気に大きく左右されるから、私のせい（？）で大雨が降り、中止になったらと気が気ではない。この日も当日の朝まで野外での上演が案じられていたが、午後からは一転して快晴。勝連城での公演は、やっぱりホールで見たときとは全然違う。この場所で本当にあったかもしれない物語を見ているのだという臨場感がすごい。

　演じているのは、地元の中高生たちだ。その数も百六十人あまり。十代の彼らが発するエネルギーはパワフルだけど、どこか清々しい。なんというか、暑苦しさ、生臭さがないのだ。たとえば、阿麻和利の妻、百度踏揚《ももとふみあがり》はそこはかとない色香を漂わせているのだが、性的な感じがしない。群舞のシーンでは、踊り手たちが客席に下りてきて、通路で踊る。

勝連に伝わる平敷屋エイサーのチョンダラー

その多くが少女たちで、そこそこに露出度のある衣装を着ているのだが、まったくセクシーさを感じない。むしろ健康的な感じがするのだ。踊ったり、歌ったりするのが、楽しくて仕方がない、嬉しくてしょうがないという感じで、見ているとこちらまで、楽しく、嬉しくなってしまう。間近に見る彼女たちのお肌は、ピッカピカのつるっつる。健康的にぽっちゃりとした子が多く、笑顔がはちきれそうだ。自分がいつの間にか失ってしまって、もう二度と帰って来ない十代独特の輝きに、目が吸い寄せられてしまう。

組踊とは沖縄の伝統的な芸能のひとつで、音楽・せりふ・踊りからなる舞踊劇、音楽劇のことである。一種のミュージカルだ。十八世紀、琉球王朝の時代に成立し、こちらもユネスコの世界無形文化遺産に登録されている。現代版組踊には、主に宮廷で舞われた格調高い琉球舞踊だけではなく、カチャーシーやエイサーなどの大衆芸能、「平敷屋《へしきや》のエイサー」「平安名《へんな》のテンテンブイブイ」などの民俗芸能から、西洋風のダンスやロックなども取り入れられている。

さすがは芸能の島、沖縄だ。中高生とはいえ、レベルが高い。もちろん、一生懸命に練習した成果だと思う。だが、伝統芸能などは、子どもの頃からリズムやメロディに親しみ、名人たちの腰の落とし方、手の動きを見ながら、自然に体で覚えてきたのだと感じる。どの子もしっかり様になっている。

劇の題名の「肝高」とは、肝が高い、つまり志が高いという意味であり、阿麻和利は物語の主人公の名前である。十五世紀半ばに実在した、勝連城の最後の城主だ。琉球正史および琉球王朝のもとで発展してきた伝統的な組踊では、阿麻和利は有名な悪役である。悲逆非道で、王朝に対して反乱を企てたために、時の王府によって滅ぼされたとされている。しかし、城跡を調べても、大きな戦いの痕跡は残っていないという。

当時は尚氏《しょうし》による琉球王国の統一が固まる前の時代だ。各地の城《グスク》を拠点に、按司《あじ》と呼ばれる王たちが群雄割拠していた。その中の最大勢力が尚氏であり、他の按司たちを滅ぼしたり、服従させて統一を成し遂げた。正史は勝者である尚氏の支配を正当化するために著されたも

中央の「阿麻和利」を含め、すべて地元の中高生

のと考えていい。だが別の史書によると、阿麻和利は悪政をしいる前城主に対して反乱を起こし、民衆に推されて勝連城の城主となったと書かれている。また、琉球の『万葉集』ともいわれる『おもろさうし』には、阿麻和利を称える歌が数多く残っている。アジア諸国と活発に交易を行い、高い技術を積極的に取り入れ、勝連半島一帯を豊かにしていった名君であったことも出土品などから窺える。

地元の中高生が演じる芝居として企画された「肝高の阿麻和利」では、阿麻和利は地元の民衆に愛された悲運の英雄として描かれている。逆賊扱いの阿麻和利の汚名を晴らさなければ、子どもたちが自分の暮らす町に対して誇りを持てないと考えたのである。そのため、多くの歴史資料をもとに、歴史を読み替え、阿麻和利を悪役から悲劇のヒーローに変身させたのだった。

「肝高の阿麻和利」は二〇〇〇年に勝連城跡で初めて上演され、その後今日まで十年以上にわたり公演を続けている。脚本、演出、照明、音響などはしっかりとプロで固めている。百数十人の中高生が歌い、踊るエネルギーは圧倒的で、ギャラがかかるプロ劇団のステージではとても真似のできないスケールと迫力がある。沖縄の伝統芸能が満載であることも嬉しい。

正義と夢に向かって走り続けた阿麻和利が、尚氏の陰謀にかかって事切れる寸前、復讐のために圧倒的な力を持つ尚氏に立ち向かおうとする人々を諌める。そして、武力で解決することの非を訴え、平和を願うラストシーンは感動的だ。涙を抑えられない。決して学芸会レベルのお芝居ではないのだ。上演回数は二〇〇回を超え、延べ十四万人以上を動員する大ロングラン、大ヒット作品になっている。沖縄に暮らす現代の若者たちの間では、すでに、阿麻和利はヒーローとしてのイメージが定着している。

感動体験こそ教育だ

アマチュア演劇の世界で、単一作品で十四万人の観客動員というのは、他に例がないのではないだろうか。二十年、三十年続いているロングラン作品はいくつかあるが、多くは小劇場での上演であるために観客数はそれほど多くない。また都市部の劇団がほとんどで、地方でこれが達成されたというのは画期的なことだと思う。

「肝高の阿麻和利」の発案者は、勝連町（現・うるま市）の教育長だった上江洲安吉《うえずあんきち》氏である。当時、上江洲氏は、この地域の青少年問題に危機感を募らせていた。勝連町は沖縄本島の中東部、勝連半島の南半分を占める、人口一万人あまりの町だ。サトウキビ栽培、養豚、漁業が主な産業だが、沖縄全体の中でも、失業率が高く、平均収入が低い地域である。片親や共働きの家庭が多く、子どもたちは放課後、家に帰っても一人ぼっちのことがよくあるという。それが直接の原因ではないかもしれないが、学力の低下や不登校、非行などの問題を抱える子どもが目立って増えていた。また、全体的に覇気がなく、自分のふるさと勝連町を嫌い、いつかは出て行きたいと願っている子たちばかりだった。上江洲氏は、そんな子どもたちに放課後の居場所を提供し、仲間と出会い、感動を体験させたいと考えた。そこで、元沖縄県立博物館長で作家としても活躍している嶋津与志《つよし》氏に脚本を依頼。演出には、当時まだ三十歳だった平田大一《だいいち》氏を抜擢した。

ところが、初練習に集まったのは、たった七人の中学生だけだった。平田さんは集まってくれた子どもたちと楽しみながら芝居をつくり上げていった。「練習は楽しいらしい」という噂が広がって、自分も参加したいという子どもたちが続々と集まってきた。二〇〇〇年三月、勝連城跡を舞台に、百六十人の中高生による公演が幕を開けた。二日間で四千二百人の観客が集まり、子どもたちは大喝采を浴びた。

当初、公演は一回限りの予定だった。だが、やめたくない、もっと続けたいと願う子どもたちが、再演の嘆願書を教育委員会に提出した。感動体験こそが教育の本質だと実感した上江洲教育長の尽力もあり、この願いが叶えられることになった。

翌年からの公演には、中学を卒業しても続けたいという子どもたちの希望もいれて、出演者を高校生にまで広げることになった。さらに、二〇〇一年に完成した町立のホールは「きむたかホール」と名づけられ、平田さんが館長に就任。ここを拠点に練習と公演活動が行われるようになった。

子どもたちの自発性と潜在力を活かす

二〇一〇年の四月、きむたかホールでの練習を観に行った。三月に卒業公演を終え、新しく募集された新メンバーを加えた第一回目の練習日だった。夕方になると子どもたちが続々と集まってくる。二〇〇五年に勝連町が具志川市、石川市、与那城市と合併して「うるま市」になったため、合併した二市二町すべての中学と高校に通う子どもたちにも門を開いた。

演奏をする「きむたかバンド」も中高生のみ

そのため、かなり遠方からやってくる子どもたちもいる。練習は週二回、夕方六時から九時まで。送り迎えは親御さんたちの仕事だ。

早く来た子から、自分で練習や柔軟体操を始めている。独りでぼんやりしている子、集まってダラダラお喋りしている子がまったくいないのに驚いた。だんだん人が増えてくると、高校生の「キッズ・リーダーズ」が中心になり、パートごとにグループ練習が始まる。なにしろ、百数十人の出演者だ。ステージだけでなく、楽屋、通路など、ホールの至るところが練習場所として使われている。鏡のある部屋が少ないので、夕闇に包まれたホールの窓ガラスを鏡代わりにして、踊りの練習をしているグループもある。

ステージの下では、音楽の練習も行われて

いる。劇中のすべての音楽は「きむたかバンド」による生演奏である。もちろん、中高生だけのバンドだ。シンセサイザー、打楽器、三線《さんしん》、ボーカルなどで構成されている。きむたかバンドのOB、OGで、今はプロのミュージシャンとして活躍する先輩たちが指導にやってきていた。

やがて演出の平田さんが現れた。平田さんは、子どもたちに向かって「平田さんはねー」と語りかける。大人ぶらない、偉そうぶらない。あれをしなさい、これをしてはいけないと命令しない。子どもたちの自発性と潜在的な力をとことん信用している。平田さんと楽屋の前を歩いているとき、中でせりふの練習をしている男の子の声が聞こえた。平田さんが笑いながら教えてくれた。

「今のせりふね、あの子の役のせりふじゃないんですよ。次にやりたい役のせりふを練習してるんですよ」

ステージでは、主役の阿麻和利と彼を暗殺する役を演じる子どもたちが練習していた。平田さんの姿を見ると、新しい演技を考えたので、ちょっと見てほしいと頼んできた。そして、平田さんのOKが出て誉められると、とても嬉しそうにしていた。「肝高の阿麻和利」に出演する子どもたちは、シーンごと、パートごとに自分で演技プラン、演出プランを考えて提案する。同じお芝居でも、細部がどんどん変わっていくので、リピーターの観客も飽きずに見られるのだ。

体育会系の部活動などでは、厳しく叱る指導が目につく。体罰と言葉の暴力が、子どもたちを深く傷つけることが昨今問題になったばかりだ。だが、地域文化活動の指導者たちは、平田さんと同じく、誉めて伸ばす指導が主流だ。誉めて、やる気を出させるのだ。受賞活動のリーダーたちは、ほぼ全員、誉め上手で人たらし。地域文化活動の場合、ボランティアで活動に参加している人たちに、トップダウンは効かない。好きで参加している人たちをうまく動かすには、もっともっと好きにさせて、やる気を出させることしかない。嫌いにさせては何の意味もない。何十人、何百人という人たちを巻き込んで、長く活動を続けている人たちの成功の秘訣は、ここにあると思う。

たとえば、一九五〇年代から六〇年代、新潟県両津高校の美術部でユニークな指導を行い、同部の版画を全国コンクール連続優勝に導いた高橋信一さん（故人）のあだ名は「だちかん先生」。生徒たちの絵を見ては「良うてだちかん（あまりにも素晴らしい）！」と言って、大きな手のひらで肩や頭をバンバン叩いたそうだ。もちろん、体罰ではない。「だちかん先生」はその後、佐渡の住民たちにも版画を指導。「だちかん先生」亡き後、人々は先生に誉められて、痛くて嬉しかった思い出を大切にするために、住民による版画作品を常設展示する「佐渡版画村美術館」を設立した。また、高知の「土佐絵金歌舞伎伝承会」の会長、杉村伸夫さんは、仲間の失敗を絶対に責めないとおっしゃっていた。みんな一生懸命練習してきたのだから、本番で失敗するのは、本人が一番辛い。それを仲間に責められたら、次に舞台に上がるときに、また失敗したらどうしようと思って萎縮してしまう。それでは決していい舞台ができないと言うのである。

子どもが一生懸命になれば、親も頑張る

「肝高の阿麻和利」で、最も特徴的で重要なことは、現在の主催者は父母たちだということである。再演の希望が叶えられ、子どもたちが一生懸命練習に励む姿を見た親たちは、二〇〇〇年に「父母の会」を結成した。わが子がこれほどまで何かに打ち込む姿を、今までに見たことがなかったという。ボランティアで舞台裏の手伝いを買って出た父母たちは、翌年、町立ホールの完成に伴い、ホールを支援することを目的に、父母・OB・OG・地元の応援者からなる「あまわり浪漫の会」を結成した。

ところが、父母たちはある日、公演のための公的補助金が三年で途切れることを聞かされた。彼らは活動を継続することを前提に平田さんと話し合い、自分たちの力で資金を集めて上演を続ける、自主運営の道を選択したのである。「あまわり浪漫の会」主催で、夏休みの土日に七回の有料公演を行い、資金を集めた。それ以来ずっと、行政の補助金に頼らない、

自己資金による運営を続けている。

地域文化活動にとって、経済的な自立は非常に大事な問題だと思う。アマチュアの活動であり、一文の得にもならないことをしているのだから、基本は自腹であり、自己資金だ。一定の自己資金を持った上で、行政などからの助成金が出たときには、大きな事業に取り組むという形ならばよいが、すべて助成金頼りの活動は、金の切れ目が活動の切れ目になってしまうことがよくある。助成金をずっともらえるという保証は、どこにもない。首長が変わる、合併によって町や村がなくなる、行政の経済状態がピンチになるなど、様々な理由で助成金が途切れる、あるいは大幅にカットされる理由には事欠かない。そのとき、自己資金を稼げるかどうかが岐路になる。

会長の長谷川清博さんは、当時のことを思い出して、こう話してくれた。

「阿麻和利の舞台に出るようになって、子どもたちは本当に変わっていきました。生き生きとして、今までに見られなかった自主性や責任感、リーダーシップを発揮するようになったんです。全員が一生懸命練習している。そんな子どもたちを、お金がないという大人の都合でやめさせるなんて、とてもできませんでした。だから大人たちも必死になって頑張った。やったことのないことばかりだったけれど、知恵を出し合い、活動を続けられるように努力したのです」

「あまわり浪漫の会」のメンバーは約五十人。公演当日のお手伝いだけをするサポーターがほかに二、三十人いる。会長の長谷川さんと、奥さんで事務局長の加代子さんのお嬢さんが、第一回公演に参加している。もちろん、お嬢さんはとっくの昔に「阿麻和利」を卒業している。でも、お父さんとお母さんは残った。長谷川さんご夫妻以外にも、そういう方は多いという。他に、常勤の事務局もいる。出演者のOGたちで、地元に残り、後輩のために働きたいと希望した。彼女たちは有給のスタッフだ。地元に、若い人たちが働く場所、雇用をも創出しているのだ。

「浪漫の会」の仕事は数多い。公演や練習のスケジュールを決め、会場を押さえ、子どもたちや父兄、音響や照明などの技術スタッフにこまごまとした連絡を送る。なにせ出演者だけで百六十人くらいいるのだから大変だ。さらに公演のPRとチケット販売、広告などの協賛金集めのほか、パンフレットや写真集、Tシャツや小物、DVDなども制作して資金集めに役立てている。本公演の前日、当日ともなればタイヘンだ。舞台装置や音響、照明はプロに任せるが、衣装やメイク、小道具は自分たちで準備しなければならない。また、グッズ販売のブース設置、リーフレットの折り込み作業、食事の用意などは「浪漫の会」の仕事だ。きむたかホールで昼・夜二公演があるときは、調理室でお母さんたちが食事を自ら調理する。「肝高の阿麻和利」の公演は、地元だけでない。沖縄県内各地はもちろん、関東地区、盛岡、大阪、ハワイなどにも遠征している。彼らの舞台を見て、自分たちもやりたいと願う人たちも現れ、浦添市、石垣市、金武町、那覇市、狭山市（大阪府）などでも、地域の伝説や芸能を取り入れた中高生の演劇が始まり、相互に交流も行っている。

平田さんや「浪漫の会」がつくり上げてきたノウハウは、「勝連方式」「きむたかメソッド」として、教育界でも注目されているため、学校関係の視察も多い。また子どもたちの発案で、「浪漫の会」主催のワークショップも定期的に開催されている。対象は、地域の小学生以下の子どもたちだ。次世代の発掘ということだ。地元の幼稚園や小学校では、「阿麻和利」の歌や踊りが授業に取り入れられていて、そのため保母さんたちも練習の見学に来る。ひとつの演劇が、地域を超え、幅広い年齢層の人たちに影響を与えている。

教育で地域を、文化で産業を起こす

「肝高の阿麻和利」に出演した子どもたちは、自分のふるさとに誇りと愛情を抱いている。かつてのような、ぱっとしない地域というコンプレックスは吹き飛び、悪役だった阿麻和利は、今や郷土のヒーローだ。沖縄全体を見渡しても、今の若い世代にとって、阿麻和利は善玉のイメージが浸透しているのだから、地元としては誇りに思わずにはいられない。子どもたちには地域のために尽くしたいという思いも育ち、地域のイベントでアトラクションに参加し、踊りや歌を披露したり、勝連城の清掃や保全のための募金などのボランティア活動を自発的に行っている。

「はじめに」でも紹介した「地域文化とUターン研究会」で、沖縄市の「琉球國《りゅうきゅうこく》祭り太鼓」へのヒアリング調査をしたことがある。沖縄の伝統的な太鼓、エイサーを現代的にアレンジして、沖縄県内のみならず、全国でも公演を行っているこの団体は、圧倒的に定住者が多かった。その次に多いのが太鼓に惹かれてやってきたIターン者で、Uターン者はほとんどいなかった。地域文化とUターン研究会のアンケート調査では、定住者とUターン者、Iターン者の比率は、二対一対一であった（Iターン者の中には、他府県から嫁いで来た人や、転勤族も含まれる）。「琉球國祭り太鼓」のメンバーの構成とはかなり異なる。さらに、県外への人口流出が他県よりも多い一方で、Uターン者も多いという沖縄県の人口動態の特徴にも反している。

このことについて、自身はIターン者である事務局長の伊賀典子さんが、次のように説明してくれた。

「祭り太鼓のメンバーたちは、小学生くらいからやっている人がほとんど。彼らは十代のうちに、祭り太鼓を通じて大勢の仲間と出会い、日本全国や海外にも公演に行っています。だから、外から見た沖縄の良さを知っているんです。沖縄を出て行く若者は、十代のうちに沖縄の良さを知ることができなかった人たち。沖縄が嫌いで出て行って、他所に行ってから沖縄の良さに気づいて戻ってくる。でも、祭り太鼓の子たちは、ちゃんと沖縄の良さを知っているから、仲間がたくさんいる沖縄を出て行こうとは思わないのよ」

「Uターン研究会」では、二年間をかけて、全国五カ所の地域文化活動を調査したのだが、その調査結果も伊賀さんの言葉を裏付けている。文化活動を通じてふるさとの良さを知った人は、ふるさとを出て行きたがらない。就学や就職のために一度出て行ったとしても、帰りたいと望む。祭り太鼓の場合は、体力的な問題で、三十〜四十歳で戻ってきても、なかなかカムバックしづらいという特殊な事情も、Uターン者が少ない理由のひとつになっているかもしれない。

「肝高の阿麻和利」の子どもたちも、ふるさとが大好き、ふるさとのために役に立ちたいと考えている。ふるさとに留まりたい、大学を卒業したら、戻って来たいと、多くの子どもたちが考えている。だが、いくら本人が地元に残りたい、大学を卒業して地元に帰りたいと願っても、地元には働く道があまりない。経済的な問題が大きな壁となって立ちはだかる。こういう子どもたちのために平田さんは、「教育で地域を、文化で産業を起こす」ことを唱えている。

これは決して平田さん一人の夢物語ではない。うるま市経済部では、「ふるさと雇用交付金」を活用して、「阿麻和利」ＯＢをサポートしながら、漁業・農業・工業・観光を文化で結びつけ、新しい「感動体験型産業」を生み出す試みを始めた。市の公式ホームページでも市の基本方針と基本政策を「訪れて感動、住んで自慢のまち　うるま」と謳っている。また、勝連漁協、商工会、加工業者、コープおきなわが協力して、地元特産のもずく入り餃子を開発し、「きむたかのもずく餃子」と命名。売り上げの一部を「浪漫の会」に寄付している。

もちろん、「教育で地域を、文化で産業を起こす」のは、簡単なことではないだろう。そんなの無理！　と言い捨てる人もいるかもしれない。ところが、このまちの人たちは違う。中高生だけのミュージカルを、素人の父兄が中心になって企画・制作し、十年以上の大ヒットを続けている。すでにそれ自体がちょっとありえないようなお話で、それを実現してきたのだから、簡単に無理といってあきらめたりはしない。平田さんは、阿麻和利の出演者たちを、「肝高の子ら」と呼ぶ。でも私にしてみれば、「浪漫の会」の親御さんたちも、うるま市役所の公務員さんたちも、とっても「肝高の大人ら」だと思う。

私は、二〇一〇年から二〇一二年にかけて、五代目阿麻和利役の宮里成明君の舞台を、練習も含めて三回見ている。宮里君は、中学一年で舞台に参加し、中学を卒業する直前に主役に大抜擢された。持病があり、少しからだが弱い宮里君は人一倍健康管理に気をつけ、三年間で六十回近くの舞台を一度も休まずに勤め上げた。その間、東京、盛岡、福岡、倉敷、大阪での公演も経験し、各地で大きな拍手に包まれている。宮里君に初めて会ったのは、彼が高校一年に上がったばかりの春。練習を見に行ったときだ。ジャージ姿で、やや小柄な、普通の高校生という印象だったけれど、ステージに上がると、百六十人もの出演者の中でもひときわ目立つオーラを放っていた。

その年の夏に勝連城跡での野外公演を見て、二〇一二年の春には、卒業公演を見に行った。このときは、二年前の練習のときとは違って、本公演なのでメイクをして、衣装もつけているから余計にそう感じたのかもしれないが、一段と存在感と威厳を増していた。高校三年生で最年長でもあり、出演者全員の中心となっている。公演が終わった後は、主役の宮里君が、出演者全員を代表して挨拶する。観客と協力してくれたスタッフたちへの感謝の言葉。そして、英雄・阿麻和利が素の高校生として語りかける「お父さん、お母さん」への感謝の言葉に胸が熱くなってしまった。かわゆい。こんな息子が欲しかった……。

卒業公演を終えた宮里君は、

「僕にとって、「肝高の阿麻和利」は生きがいでした。仲間たちと一緒に人生最高の時間を過ごし、ここここそが自分の居場所だと感じていました」

と話してくれた。

ねえ、宮里君。君の人生はまだまだうんと長い。だからこれから先も素敵なことがたくさん君を待っているよ。確かに、「肝高の阿麻和利」を通して得たよりも大きな感動を、もう一度他のことで得るのは簡単ではないかもしれない。だけど、与えられた責任を全うし、仲間と一緒に何かをつくり上げることの素晴らしさを知った君だもの。きっと新しい生きがい、新しい自分の居場所を見つけて、素晴らしい時間を過ごすことができるとオバサンは思う。

宮里君は高校卒業後、地元に残って就職する道を選んだ。

第3章　ふるさとを継ぐ

町並みから村並みへ
――愛媛県内子町・岡田文淑さん

手づくりのシンポジウム

一九九五年十一月、愛媛県内子町《うちこちょう》にて町とサントリー文化財団の共催でシンポジウムを開催した。テーマは「まちの風景は住む人の顔」である。全国に先駆けて、町並み保存と村並み保存を展開してきた内子町ならではのテーマだ。西洋史学の木村尚三郎先生を基調講演にお招きし、東京農大（当時）の進士《しんじ》五十八《いそや》先生や、湯布院のまちづくりのリーダーのお一人である溝口薫平さんらをパネリストにお迎えしたシンポジウムは、貴重な意見が飛び交い、とても刺激的だった。だが、シンポジウムそのものよりも、二十年近い歳月が流れた今になっても鮮やかに蘇るのは、会場設営のときの思い出である。

会場は、大正初期に立てられた木造の芝居小屋「内子座」である。秋が深まる棚田の風景を描いた大きな幕が舞台全面を覆っている。内子座をホームグラウンドに活動しているアマチュア劇団「オーガンス」が、公演用に手づくりしたものを借りた。素人の絵なのだが、彼らが思い描くふるさと内子の風景には、素朴な味わいがある。その絵を背景に、パネリストの皆さんには、緋毛氈《ひもうせん》を敷いた床机に腰掛けていただくことにした。両脇には、大人がすっぽり入れるほどの大きな甕《かめ》を設置。藍染などに使われていたもので、町内で調達してもらった。そして、その甕に、たわわに実をつけた立派な柿の木を生けた。

この柿の木は、内子町役場の担当課長である岡田文淑《ふみよし》さんと、岡田さんが「こういうとき、役場のもんは役にたたん」と言って応援を頼んだ農家の青年たちと一緒に、前日、切ってきたものだ。内子は果物の栽培が盛んで、柿も名産品のひとつになっているのだが、道路に枝を張り出して通行の邪魔になり、切らないといけなくなっていたものだ。大まかな設営を済ませた後、日が暮れる前に、青年たちが運転する軽トラックに分乗して内子座を出発。柿の木二本を切り倒し、トラックに積んで内子座に持ち込み、甕に生けた。

すべての作業が終わったのは夜の九時頃になっていた。アイディアと知恵を出し合い、ともに汗を流し、すべて手づくりで準備したので、とても楽しかった。いわゆる〝業者〟は関わっていない。岡田さんが期待された通り、農家の青年たちの手際の良さ、困難にぶつかったときの手の智恵には本当に感心した。滑車を使って柿の木を大きな甕に生け、針金とロー

内子座の内部は純和風だが、外観にはハイカラな香りが漂う

プを使ってしっかり固定して、見てくれがいいように、柿の実をちょっと付け替えるなどの偽装工作も施してくれた。本当に役場の方や私たちは、猫の手ほどにしか役にたたんかった。

町並み保存運動の夜明け

内子町で町並み保存運動が始まったのは、一九七〇年代の半ばからだ。保存運動の担い手はもちろん住民だが、住民の皆さんをリードしていたのが、当時三十代の役場職員だった岡田文淑さんだ。まちづくりの世界では今や知る人ぞ知るエキスパートだが、公務員としてのお仕事だから、公的な記録としては個人の業績は残らない。ましてや、何を考え、どのように行動したのかは記録されず、結果のみしか分からない。でも、過程こそが重要だし、面白い。

岡田さんは一九四〇年生まれ。高校を卒業して役場に就職。二十代の頃は組合の労働運動に熱中した。まちづくりを意識し始めたのは一九七二年頃からだそうだ。当時内子町は全国の中山間地域の例に漏れず、若者を中心に住民の流出が止まらなかった。農業も林業も振るわず、満足な収入を得られる道がないからだ。都会への憧れと田舎コンプレックスも根強かった。

毎年多くの若者が内子町を離れてしまう。公務員の岡田さんにとっては、自らの雇用主である住民がいなくなるのである。地域の住民の暮らしがなりたたない状態を見過ごして、公務員の権利要求の運動に熱中することに矛盾を感じ始めた。これではいけないという思いから、岡田さんは全国のまちづくり先進地域から学ぶ旅を始めた。すべて自腹である。そんな中で、一九六〇年代の後半から町並み保存に取り組み、多くの観光客が訪れるようになっていた妻籠《つまご》や馬籠《まごめ》に惹かれていった。これらの地域に出会ったときの衝撃と感動は、今も覚えていると岡田さんは言う。

内子町は、愛媛県のほぼ中央部に位置する、周囲を山に囲まれた町だ。江戸時代に良質な和紙の生産で潤い、江戸後期から明治にかけては、全国有数の木蠟《もくろう》の生産地として繁栄した歴史がある。蠟を晒す独自の技術を開発した内子の木蠟は非常に質が高く、明治になると欧米各国に輸出され、ジャパンワックスとして高い評価を得た。それによって莫大な富を得た木蠟商家の豪壮な屋敷や蔵が数多く建てられ、当時の栄華を偲ばせる町並みが今も残っている。この町並みを保存することで、内子の町を活性化することができるのではないかと岡田さんは考えた。

木蠟の生産はその後、パラフィンなどの代用品が普及したために急速に衰え、大正時代に完全に姿を消した。それとともに、内子の繁栄も終わる。美しい町並みが残っている地域の多くが、一度は繁栄し、その後急に衰退したという共通する歴史を持っているように思う。往時の富によって培われた建築物には、贅沢とも思えるほどに精緻な職人の「技」が散見できる。美しい町並みが、百年の歳月を経ても往時の姿を留めている。鮮度を保ったまま保存する、急速冷凍されたような状態なのだ。急速な衰退によって時が止まったようになり、建て替えや再開発で古い建物が壊されることもなく、美観を損なうような劣化が起きていない。内子の場合は、大火や戦災、地震などの自然災害にもあわなかったという恵まれた条件も重なっている。

しかし、内子の住民や役場の人たちは、なかなか岡田さんの話に耳を貸さなかった。長い間、満足な手入れもされなかった建物は、汚れ、朽ち、住みにくいばかり。そんな建物を保

白壁の家が軒を連ねる内子町の町並み保存地区

存するよりも、お金さえあれば、近代的な家に建て替えたいというのが住民の本音だった。岡田さんは町の人たちを粘り強く説得し続けた。その手法は、戸別訪問、個別撃破だ。住民のもとを何度も訪ねて、コミュニケーションを重ねていく。一口に町並み保存と言っても、お年寄りから子どもに至るまで、居住する住民の住まいへの価値観は千差万別だ。保存の意義や優れている点、素晴らしさを一人ひとり説いていかなければ、納得してもらえない。

「若い頃、労働運動で学んだ理論が、よう役に立つんじゃ」

と岡田さんは笑う。そして、次第に聞く耳を持ち始めてくれた有志の人々とともに、一九七五年に町並み保存会、町並み研究会を発足させる。そして、彼らと一緒に妻籠や高山、京都への視察旅行も行って、ノウハウを学び、観光振興への効果を学んでいった。

こうした活動への追い風になったのは、『アサヒグラフ』で内子の町並みが紹介されたことだ。一九七〇年から始まった国鉄のキャンペーン「ディスカバー・ジャパン」の影響で、妻籠や馬籠、倉敷や萩などの古い町並みに人気が出るとともに、まだ有名ではないけれど美しい町並みを持つ地域が注目され始めたのだ。岡田さんは購入した『アサヒグラフ』をいろんな人に見せ、「うちの町は美しかろう」「『アサヒグラフ』に出るいうのは、すごいことぞ」と説いてまわったそうだ。

もうひとつの追い風は、一九七五年に伝統的建造物群保存地区の選定制度ができたことだ。それまでの文化財指定がひとつの建物を対象にするものだったのに対し、面として、ひとつの地域を対象として文化財指定するものだ。この制度のスタートを受けて、翌年には内子町でも町並みの調査を実施した。その結果は、内子には非常に重要な建物が数多く残されているというものだった。そこで、とくに重要な建築物が立ち並ぶ地区を対象に、町として町並み保存の方向に大きく舵が切られていった。

このころ、岡田さんは商工観光係長に就任している。それまでの内子には、「観光」という行政領域はなかったのだから、岡田さんのためにつくった係なのか、岡田さんがつくった係なのか。いずれにせよ、一九七〇年代後半から八〇年代の半ばまで、そこで大車輪で働いた。

一九七〇年代から全国の先進事例を見て歩き、これはと思うシンポジウムに参加していた岡田さんは、各地にまちづくりのネットワークを築いていった。中でも、相前後してサントリー地域文化賞を受賞されている長野県飯田市の髙橋寛治さん、愛知県足助《あすけ》町（現・豊田市）の小澤庄一さん、島根県吉田村（現・雲南《うんなん》市）の藤原洋さんら、八〇年代後半からまちづくりのカリスマ職員として注目された人たちとの関係は、同じ公務員として、ライバルであり同志でもあるという感じがする。彼らとは全国行脚の武者修行の最中に知り合われたのだそうだ。彼らが出会った時代は、「地方の時代」が叫ばれ始める直前の時期で、少数の意識の高い人たちが、自分たちの住む地域をなんとかしたいと活動を始めた時期である。彼らは地域を超えて、志でつながっている。なんだか、幕末の志士たちみたいだと思う。そして、自分たちの地域をなんとかしたいという志を持った人々の間で、一種の「まちづくりレース」

が始まった。それは心の励みになり、地域間競争のよい目標になったと、当時のことを振り返り、岡田さんはある雑誌に書いている。

その仕事の内容だが、七九年には「歴史的景観都市連絡協議会」の総会を内子町に誘致した。八〇年には、木蠟の大商家のひとつである上芳我家の屋敷を町で借り受け、観光の核となる「木蠟資料館上芳我邸」を開館した。建物を公開し、木蠟に関わる町の産業史を紹介することで、散策をより一層楽しんでもらうためだ。

同年、「伝統的建造物群保存地区保存条例」を制定した。この条例は町並み保存地区に対する町としての保存計画、修理のための補助の制度や現状変更への規制を定めたものだ。文化庁から「重要伝統的建造物群保存地区（以下、「重伝建地区」と呼ぶ）」の選定を受けるためには、地元自治体でこの条例が整っていることが必須条件となる。が、これが大変なのだ。建物修復の補助を行うために町の財源を確保することも大変だが、最大の難関は、保存地区に住む全住民の合意を取り付けることなのだ。

保存地区には、実際に人々が暮らしている家、屋敷が含まれている。それ以外の建造物も個人の資産である。だが、保存する以上、住民の人たちに好き勝手に変えてはいけないと言わなければならないのだ。保存のための修復をしてください、そのために必要な資金は、ある程度町で補助します。でも、全額は駄目ですから、残りはご自分で負担してくださいと言わなければならないのだ。「あなたたちだけが、保存の犠牲になってください」という運動であることに、岡田さんはかなり苦悩されたようだ。保存地区の方々にとっては荷の重いことだけれど、歴史的環境を守ることで地域の財産となる美しい町並みを保全して、子孫に伝えていきましょうと、人々の郷土愛、プライド、子孫への思いに訴え続けて条例制定までこぎつけたのだ。

内子座の復活

この頃、岡田さんは町並み保存運動に連動して内子座の保存、修復にも取り組んでいる。内子座が建てられたのは大正五年（一九一六）。十七人の町衆が株主としてお金を出し合って建設した。一時は繁栄したものの、全国の芝居小屋と同様にその後衰退の道を辿り、一九七六年に閉館。その後商工会館として使われたが、老朽化が進んでいた。一九八二年、内子座が町に寄贈された。その活用方法を住民アンケートで尋ねたところ、最も多い回答が、「毀《こわ》して、駐車場にする」というものだった。八日市・護国で町並み保存を進めていながら、木造の芝居小屋という歴史的建物を失うわけにはいかないと岡田さんは考えた。

しかしそれは容易ではない。毀して駐車場にしたいという住民の声を保存に向けるために、岡田さんは世論づくりに取り組んだ。多くのメディア関係者の応援と、識者、研究者等の示唆もまた不可欠だった。それまでにコツコツと築き上げた人脈と、その人脈の伝手や紹介で新たな支援者、知恵袋を獲得しながら、町の世論に働きかけていったのだ。

こうして内子座を町の文化遺産として保存・活用しようという方向に住民の意識を転換させ、三年あまりの工期をかけた内子座の復元工事は一九八五年に完了した。コンクリート張りになっていた一階には升席を復活。天井や窓ガラスなど、二階部分はほとんど大正時代のままだ。こうして蘇った内子座は、どっしりとした純和風の構えの中に、大正時代のハイカラな香りを漂わせ、年間四万人が訪れる内子最大の観光スポットになっている。住民によるボランティアガイドも誕生した。

また、内子座は、現役の文化ホールとしても町の人たちに活用されている。シンポジウムや地元のアマチュア団体の公演のほか、プロによる音楽、演劇、落語など様々な催しが行われている。シンポジウムに招かれた外国人には、日本古来のシアターでスピーチできるのはこの上ない喜びと、評判がいいというのも納得できる。

二〇一三年秋、内子座の櫓を見上げながら岡田さんがおっしゃった。

「バブルの頃、内子のまわりにも文化ホールを建てる自治体がいくつもあった。だけど、内子の人は誰も、うちにも文化ホールを欲しいとは言わんかった。どこにでもあるような鉄筋の文化ホールではなくて、自分たちには、ここにしかない内子座がある。それが今では町の人たちの誇りになっとるんよ。三十年前、多数決民主主義に従っとったら、ここはどこにでもある、ただの駐車場になっとった」

八日市・護国地区の重伝建地区選定

一九八二年、文化庁は、内子町からの申請に基づき、八日市・護国地区の三・五ヘクタールを重要伝統的建造物群保存地区に選定した。これが前述の内子座保存にとって何よりも大きい追い風になった。この選定を受ける際にも、岡田さんは独自の行動をとっている。

内子の町並み保存運動の初期の頃、愛媛県の文化財保護担当者にはまったく相手にされず、「馬鹿なことはお止めなさい」と言われたそうだ。頭にきた岡田さんはその足で文化庁の門を叩いた。私が驚いていると、

「その頃には、東京の研究者たちで、応援してくれる人がずいぶん増えていたから。文化庁にいきなり行っても門を開いてもらえなかっただろうけど、その人たちが電話で頼んでおいてくれたのよ」

と笑っていた。

だが、この行動によって内子の町並み保存の道が開けたのだから面白い。このときに出会った人たちが、手取り足取り、その後も面倒をみてくれたお陰で内子の今があるそうだ。あ

る偉い人は当時、冗談まがいとはいえ、岡田さんにこう言ったそうだ。

「岡田君、内子レベルの町並み保存地区は全国に五万とある。だから、しっかりと頑張れよ」

またこの頃、重伝建地区の選定を受けた暁には増加するであろう観光客を迎えるために、上芳我《かみはが》邸の三階に喫茶店を開店したり、たった一人残っていた和蠟燭職人を説得して、重伝建地区での実演販売をしてもらったりもした。職人さんといっても、当時は和蠟燭だけでは食べていけず、サラリーマンとの兼業だった。百貨店などでの実演販売で販路を開拓し、その方が食べていけるような仕組みも数年かけて用意した。今では長男と孫が後を継ぎ、町を代表する立派な工芸品、人気のお土産品となっている。

こうして町並み保存と観光振興の基盤づくりが整い、一九八四年には内子町に町並み保存対策室が設置され、さぁスタートといったとき、岡田さんは産業観光係長から総務課に異動になった……。

岡田さんは、「重伝建地区になったので、お払い箱じゃ」とおっしゃるのみで事情をあまり語られない。よそ者の立場で、詮索すまい。ただ、先に紹介した公務員の同志たちの中で、飛ばされたのは岡田さんだけではない。出る杭は打たれるということなのだろうか。ところが彼らは全員が転んでもただでは起きないしぶとい人たちばかり。だから、逆境がむしろ、この後紹介するような第二ステージに飛躍する契機となり、皆さん、再起し、一層の活躍をされている。

一方、めでたく重伝建地区選定を受けた内子町だが、一九八六年には国鉄内子線が開通し、特急列車が内子駅に停まることになった。もちろん、観光客はどんどん増えていく。岡田さん抜きでその後の町並み保存が進められるのだが、商業地域である六日市まで重伝建地区を広げようとしたところ、「内子商店街を考える会」から、「六日市地区町並み保存反対署名決意書」が提出される騒ぎになって、この計画は頓挫した。「岡田でなくても、町並み保存くらい誰にでもできる」と考えたのだろうけれど、そうはいかなかったのだ。

第二ステージ――石畳地区との出会い

町並み保存から外された岡田さんは、仕事の合間を縫って、町内をくまなく車で走った。やはり面白くなかったからだろうか。内子町の町域はかなり広い。標高差もあり、自然環境、産業、歴史によって、それぞれの地域の持つ風景も表情が微妙に異なっている。そうした中で岡田さんは、内子の中心地から十三キロほど離れたところにある石畳地区の持つ、なんとも言えない佇まいに強く惹かれた。棚田と点在する古い農家、清流とこの地域独特の屋根付き橋、季節ごとに表情を変える雑木林。美しい、日本の山里の風景が広がっていた。

二年後の一九八六年、岡田さんは産業振興課に異動になる。が、はっきりした担当があるわけでもなく、窓際族のようなものだったという。とはいえ、まちづくりへの思いは持ち続けており、石畳地区に本格的に通い始めた。多いときは、年に二百日くらい通ったそうだ。そして地元の人たちと話をする。最初は挨拶から始まり、そのうち立ち話をするようになる。岡田さん曰く、それを一年も続けていると、家に上がってお茶でもと言われ、さらにそれをずっと続けていると、ふらっと訪ねても、ご飯を食べていけと言われるような関係になる。そこまでやらないと信頼関係は築けないそうだ。なるほど、そこまでやるのですか。こうやって石畳に通い、地元の人たちとのコミュニケーションを深める一方で、外部から講師を招いて心ある人たちへの啓蒙、啓発にも努めていった。

そうした中で、心を開くことができそうな石畳の住民の中から、「この指とまれ」方式でむらづくりの仲間をつくっていった。集まったのは十人。彼らと一緒に、一九八七年に「石畳を思う会」を結成した。「会則はつくらない」「提案者が事務局であり、責任者でもある」「何事も自らの力でやる」などの約束事があるだけのとてもユニークな会だ。まずは全員自腹で、先進地域のリーダーたちを訪ね、人となりを学ぶ旅を行った。そうした中で、地域づくりには自分たちの地域の歴史や特徴を活かすことが大事だと学び、二年ほどの議論の末、水車小屋を再生することになった。

石畳地区にはかつて、三十基くらいの水車が回っていたという。これを再生する。最初、メンバーたちは町からの何らかの補助を期待していたそうだが、

「お前たち、パチンコですったと思って、一人五万円ずつ出せや」

と岡田さんに言われて材料費を出し合い、手づくりで水車小屋を完成させた。兼業農家が多く、土木、建築業関係で働く人たちが多いので、こういうのは実はお手のものなのだ。この水車小屋で米を精米してみるとびっくりするほど美味しい。普通の精米機だと、短時間で精米するために摩擦熱で米のでんぷん質が変質してしまうのだが、ごっとん、ごっとんとゆっくりと時間をかけて精米した米は、米本来の旨みが失われない。こうして「水車米」という地域の特産物も誕生した。

町並み保存から村並み保存へ

「石畳を思う会」結成の翌々年、一九八九年に岡田さんは「村並み保存」を提唱した。国土の七〇パーセント近くを占める中山間地域の農村の風景は、いわば日本の原風景だ。ところが、雑木林を伐採し、杉や檜を植林した山は紅葉することもない。川はというと、護岸のためコンクリートで固められたただの水路に姿を変え、清流やせせらぎが姿を消しつつある。過疎と高齢化で働き手を失い、放置されたままになっている棚田は荒れ果て、美しい日本の

山里の風景があちらこちらで台無しになっている。せめて、石畳のように今も残っている美しい村並みを保存し、再生できる自然は取り戻そうというのが岡田さんの考えだ。また、内子町の中心市街地が発展したのは、周辺農村部があってこそであり、食料を供給してくれたり、買い物に来てくれたりする周辺農村部が疲弊しては、まちが栄えることはできないと考えたのだ。

村の元気づくりの実践の舞台が石畳地区だ。「石畳を思う会」では、その後、水車小屋を二基増やし、水車を設置した川べりを自分たちの手で整備して「清流園」と名づけた。ホタルに詳しい人を中心に、シーズンになると毎晩、当番制でホタルの観察を行う。長年にわたる定点観測の記録は全国的にも例がないらしく、非常に貴重なデータとなっている。ホタルの棲みやすい生態系への関心も高まり、環境を整えていった結果、ホタルの数もぐんと増えている。また蕎麦打ちに関心を持った人たちは、山形まで何回も足を運び、腕を磨いた。次第に周辺各地から注文が集まるようになり、蕎麦打ち仲間十人でお金を出し合い、蕎麦処「石畳むら」をつくった。今は、空き農地を活かして蕎麦を栽培し、石畳の新しい産品に育てようと頑張っている。

こうした取り組みは、次第に注目を集めていった。「村並み保存」という言葉は聞き慣れないものだったが、江戸や明治の町並みよりも、のどかな農村風景のほうが、より多くの日本人の琴線に触れるものがあったのかもしれない。童謡などに歌われるその風景は、日本人が昔から馴染み、少なくとも何度か目にしたことがあるものだ。何よりも、今なら再生できる中山間地域の農村は、全国至るところにある。普遍性があるのだ。岡田さんのライバルで、山里の暮らしの知恵を活かしたまちづくりを展開していた愛知県足助町の小澤庄一さんも、村並み保存についての話を聞いたとき、「やられた！」と感じたそうだ。

エコロジータウン内子

こうした活躍が認められたのか、一九九二年、岡田さんは企画調整課長に就任する。内子町全体の施策を検討し、各課と調整しながらそれを進めるものだ。そして翌年、町の総合計画として、「エコロジータウン内子」が策定された。

地球規模の環境までを視野に入れて、自然と共生する暮らしを考えようというもので、内子町の緑豊かな自然環境、文化や伝統、美しい町並みと村並みを守りながら、地産地消型の農業、観光農園、アグリツーリズムなどに取り組んでいくことが盛り込まれている。今から見れば、どれも目新しいものではない。だが、バブルが崩壊した直後のこの時代、自治体の基本構想にこういうものを取り入れていたところはほとんどないと思う。そして「エコロジータウン内子」というキャッチフレーズは、誕生して二十年、岡田さんが退職されて十三年を経た二〇一三年現在でも使われている。

もちろん、こうしたまちづくりにかかる事案は、町議会や町民の合意形成の中でつくられるものであり、一職員の独善でことが進むものではない。が、それらの意見を集約するのは、担当責任者である岡田さんだ。おそらく岡田さんは、農政に関わり、村並み保存を始めた頃から、エコロジーについて今まで以上に深く考え始めたのだと思う。また、一九七〇年代の前半に日本各地の地域づくりの先進地を訪ね歩いていた岡田さんは、一九七九年以降、視線をヨーロッパに転じ、アグリツーリズムなど多くのことを学んだ。そうした経験が強く反映されていることは想像に難くない。このヨーロッパ視察旅行も、もちろん全部自腹だ。「その頃はまだ町長だって外国に行ったことがないのに、公費で行けるわけがなかろう」とのこと。

この基本計画に沿って、その後取り組まれたのが、内子町内を流れる小田川、中山川、麓川という三本の川の再生と、その流域ごとの地域特性を活かした地域づくり、町域の六七パーセントを占めながら担い手不足と高齢化で荒れている民有林を公有化して内子の森を形成するなどの事業だ。

農家民宿「石畳の宿」

石畳地区での村並み保存にも拍車がかかっている。一九九四年、築百年を越す古い農家を移築、改修して、当時はまだ全国的にもあまり例のない町営の宿泊施設「石畳の宿」をオープンした。この構想を聞いたとき、町の誰もが、あんなところに泊まりに行く人なんかいるはずがないと大反対したそうだ。また、岡田さんに、「お前らで、運営をやってみんか」ともちかけられた石畳地区の婦人たちも最初は尻ごみをした。が、みんな岡田さん得意の説得戦術に巻き込まれてしまったらしい。

料理と接客は、この石畳地区に暮らす婦人たちが担当する。当初、メニュー案を検討する段階で出てきた料理は、から揚げだのスパゲティだの、どこにでもある料理ばかりだった。田舎に住んでいる人たちのある種のコンプレックスだと岡田さんは言うが、彼女たちにとっては、都会的な雰囲気がするものが「おごちそう」なのだ。さらに盛り付けはひたすら山盛りにするのが、田舎流のもてなし料理だった。

そうではなくて、この地域でしか採れない食材を使って、普段自分たちが食べているような料理を、器に葉っぱを敷いたり、野の草花を飾ったりして、少量ずつ、いろいろ出してもらうほうが、都会から来たお客さんは喜ぶんだよと、岡田さんが一つひとつ教えた。ときど

築100年の農家を移築した「石畳の宿」

き、お洒落な田舎料理を出すお店に彼女たちを連れて行った。そうした研鑽の結果生まれた料理は、お客さんにたいそう評判がいい。お客さんの誉め言葉が、岡田さんの説明以上に彼女たちを納得させた。この地域でしか採れない山菜の天ぷらや、田舎風の煮物料理に対して、「これは何？」「どうやってつくるの？」と質問されて、お客さんとのコミュニケーションが広がる。自分たちは見慣れている野の草花を、かわいらしいと誉められると、普段、畑仕事をしている間にも、自然と草花に目が行き、季節の移り変わりにも敏感になっていったという。

石畳の宿の一階には囲炉裏があり、そこで団欒を楽しめる。食事をしたりする広い座敷やお風呂、トイレも一階にあり、屋根裏を改修した二階部分が客室。定員十二名の本当にこぢんまりとした宿だ。周辺は山里。石畳の宿に泊まった夏のある日、夕食の後、外に出てみた。天の川がくっきりと見える満天の星空の下、谷向いの農家の庭先で花火を楽しんでいる家族の姿が見えた。茶の間の明かりを背にした大人と子どものシルエット、小さく見える花火の火。虫の声。心にしみる風景だった。こんな宿だから、口コミでお客さんがどんどん来て、初年度から黒字。現在も内子で最も予約の取りにくい宿となっている。

二〇一三年の内子町

二〇〇〇年、岡田さんは役場を停年退職された。しばらく八日市・護国町並保存センターの所長を務められたが、その後は現役のときからやっていた国土交通省地域振興アドバイザー、農水省農村振興アドバイザーとして全国各地の地域づくりのお手伝いに活躍されている。二〇一三年秋、久しぶりに岡田さんのもとを訪ねた。

町並み保存地区を一緒に歩いていると、ひっきりなしに、いろんな人が岡田さんに声をかける。通りには朝の九時頃から夕方まで、観光客の姿が途切れない。ただ、岡田さんの表情は浮かない。リーマンショック以降、個人客ががくんと減り、道後温泉に泊まった団体客がバスで乗りつけて、重伝建地区だけを駆け足で見学して帰っていく姿が目立つようになったからだ。内子の歴史や文化、産業を紹介した有料の資料館には立ち寄らず、道後の宿で買ってあるのでお土産も買わない。バブルの頃に進出した外部資本の土産物店も撤退し、重伝建地区に空き家が増え始めている。

「内子のような小さな町には、マスツーリズムは似合わん。バス会社と旅行会社だけが儲かる仕組みになっているんじゃから。そんなことのために、内子の人たちは我慢をしながら町並み保存をしてきたわけじゃない」

岡田文淑さん（左）と八日市・護国町並み保存センター所長の畑野亮一さん

と岡田さんは憤る。
　岡田さんは、山崎正和先生の「文化とは形振《なりふ》りを構うこと」（『社交する人間』）という言葉にとても感銘を受けられたそうだ。町並み保存のために様々な犠牲に耐えながら、住まいを美しく保ち、町並みを守っていこうとする活動は形振りを構うことであり、とても文化的なことなのだ、だからみんな、頑張ろうなと住民の皆さんを励ましてきた。ところが、マスツーリズムの団体客は、まるではりぼてのテーマパークの中を歩いているように、内子の佇まいにも「ふーん」という程度の関心しか持たない。逆にマナーの悪い人がヘタに関心を持とうものなら、人の家の中を覗き込んだり、勝手に私有地に入り込んだりする。マナーの悪い人はどこにでも一定の割合でいるので、観光客の数が増えればそういう人の数も増える。重伝建地区の住民にとっては、とても迷惑な存在だ。そういう団体客を内子町が誘致したのは、バブルの頃、岡田さんが町並み保存から外されていた時期のことだ。

そうではなくて、岡田さんが来てほしいと願っているのは、ゆっくりと時間をかけて内子に来てくれる個人客だ。そういう人たちに、時間の移り変わりとともに変化する町の美しさを楽しみ、歴史と文化を知り、内子の食材も味わってもらいたいと願っている。それは、岡田さんが愛するふるさと内子の良さを知ってもらいたいという思いなのだ。

ただ、こうした個人客をもてなそうという動きは、小さいけれど町の中で始まりつつあるようだ。町並み保存地区に一軒、かつて町並み保存に反対した六日市地区に一軒、こぢんまりとしたとてもいい宿ができている。古い民家を改造し、一日一組から数組だけの個人客を泊める宿で、どちらも地元のご夫婦が経営されている。また、同じく古民家を利用したお洒落な食べ物屋さんはもっと増えている。そのことを指摘すると、岡田さんはやや嬉しそうだった。

石畳地区の水車まつり「焼き鳥コーナー」

昼過ぎから、年に一度の大イベントの準備をしている石畳地区に出かけた。一九九一年から始まった水車まつりが翌日開催されるのだ。水車小屋のある清流園には、「石畳を思う会」の皆さんが集まっている。刈り取りを終わった棚田には、すでにテントも張り終えられ、翌日、二百キロ分の餅をつくという石臼が、メンバーの家から次々に運びこまれていた。

続いて、作業が佳境に入っている公民館を訪ねた。公民館のまわりの集落は、毎年、焼き鳥と岩魚の塩焼きを担当している。集落に住む「石畳の会」のメンバーの一人がこのコーナーを始めたのだが、水車まつりに集まる人が増えるに従い、近所の人たちが手伝うようになった。今では集落総出で焼き鳥をつくっている。朝十時から夕方六時頃までかかってつくる焼き鳥の数は二千五百本!

「よそのイベントで真似をしたところがあったけどな、冷凍の、出来合いの焼き鳥を使ってたのよ。うちとは全然味が違うよ。明日、食べにきてな」

と、これを始めた張本人の焼き鳥班長さんにお誘いいただいた。

翌日は、朝の十時過ぎに石畳地区に到着した。会場にはすでにかなりのお客さんが集まっている。人気の手打ち蕎麦にはすでに長蛇の列。目指す焼き鳥コーナーは、炭火で焼き鳥を焼く煙がモクモクと上がっているのですぐに見つかった。太い竹筒を半分に割った器に杉の葉を敷き、そこに焼き鳥や岩魚の塩焼きを盛り付けてくれる。青竹の筒にお酒を入れ、炭火であぶって燗をつける竹酒もある。温めたお酒は細い青竹のコップに注いでくれる。野趣に溢れている。もも、皮、レバー、砂ずり、岩魚の塩焼きと竹酒、どれも大変美味しゅうございました。

当日はあいにくの雨模様だったが、時間が経つにつれてお客さんが増えてきた。もてなし役は全員、石畳地区の人たち。全百二十戸から八十人あまりがお手伝いに来ているとのこと。小学生が手づくりグッズを販売するコーナー、ＰＴＡが運営する釣りやゲームなどのイベントコーナーなど、本当に地域ぐるみの取り組みになっている。二十数年前、たった十人で始めた活動がこんなに広がったのだ。立ち上げメンバーたちはすでに六十代になり、それでもお互いに、シュウちゃん、ジュンちゃんと呼び合っている。三組のＩターン家族も地域に加わり、二十代、三十代の新メンバーも加入している。

「石畳は、若いもんも子どもも、けっこうたくさんいるから安心じゃ」

と岡田さんは言う。地域のために、楽しそうに、仲良く頑張る親の背中を見て育った子どもたちが、たくさんこの地域に残ったのだろう。そして親たちと同じように、この地域で頑張っている若者たちにはお嫁さんも、お婿さんもどんどん来てくれて、彼らも親になっていったのだろう。そんな元気な地域だから、Ｉターンの人たちも集まってきたのだろう。

村並み保存にとって何よりも大切なこと、それはそこに住む人たちが明るく、仲良く、元気だということだと思う。石畳地区の村並み保存活動は、二十年後、三十年後も楽しみだ。

昼過ぎ、岡田さんに送っていただいて松山空港に向かった。石畳から山をひとつ越えて瀬戸内海側に出て、空港に向かうコースだ。内子町の中心部、いわゆる町並み保存地区は盆地になっていて、石畳はその北側、海に近いほうの山の中にあるのだ。だから昔、内子の商家の人たちは、どんなにお金持ちでも魚の干物しか食べられなかったのに、石畳の人たちは、山をひとつ越えただけで新鮮な魚を食べられると自慢していたそうだ。海岸に平行して、今はめっきり本数が減ってしまい、ローカル線になってしまった予讃本線が走っている。その分、一九八六年になってやっと開通した内陸廻りの内子線の本数が増えているそうだ。これもまちづくりに成功した内子の存在が影響しているのではないかと想像してしまう。

道々、いろいろな話をした。主に私が、あのときはどうだったんですか、これはどうしてこうしたんですかと聞いていたので、二十年、三十年前の話題が主だった。岡田さんは、

「あの頃は楽しかったなー」

とおっしゃった。

そうなんでしょうね。いろいろ大変なこともあったけれど、一生懸命やったことが少しずつ形になっていく過程が見える。そういうときだったですもんね。でも、

「それにしても、岡田さんだけじゃなくて、高橋さんも小澤さんも藤原さんも、相当好き放題されていたじゃないですか。お役所勤めで、なんであれだけやりたいと思ったことができたのかなと不思議なんですけれど」

と聞くと、

「時代のせいもあるかの。役場は今よりものんびりしていて、自由だったし、日本中で地域おこしが始まったばかりで、熱気もあった。あとひとつ、僕の場合は根回しかな。誰をどう説得すればいいか、若いときの組合活動で学んだから」

とのこと。そんなに役に立つなら、労働運動の理論書を一度読んでみようかな。それにしても岡田さん、町並み保存地区でも石畳でも、大勢の人に囲まれて、昨日も今日もとても楽しそうでしたよ、と私は思った。

文化の力で復興を
——福島県川俣町「コスキン・エン・ハポン」

真夜中の競演

真夜中である。時計の針はとっくに十二時をまわっている。にもかかわらず、ステージの上には、太鼓やチャランゴ・ギター、竹笛のケーナなど様々な楽器で、フォルクローレの名曲「花祭り」を演奏する数十人の人で溢れかえっている。ステージに上がりきれなかった人たちも、舞台の下で思い思いに楽器を奏でている。Ｇパンとトレーナー姿の人もいるけれど、ポンチョなどの民族衣装を身にまとっている人も大勢いる。さらにその上に、客席では、やはり数十人の人たちが手をつなぎ、輪になって踊っている。私を含め、客席で座ったままの人は、ほんの数人しかいない。

これは外国の話ではない。福島県川俣町の公民館での出来事だ。川俣町は福島市から南東に車で約一時間、阿武隈山地の西斜面につながる丘陵地帯にある。人口は一万四千人あまり。電車は通っていない。平安時代に始まったとされる絹織物の町である。近年はまちおこしの一環として品種改良に取り組んだ「川俣シャモ」も高級食材として注目を集めている。冒頭のシーンは、この町で毎年行われている中南米音楽の祭典「コスキン・エン・ハポン」のフィナーレの様子なのだ。こんな時間に、こんなところで、どうしてこんなに盛り上がっているの？　と、あっけに取られてしまった。

翌朝、実行委員会事務局長の齋藤寛幸さんに、

「昨日の夜のフィナーレ、すごく盛り上がっていましたね。皆さん、朝からずっと演奏されていて、あの時間にまだあれだけお元気でびっくりしました」

と言うと、

「以前は会期が二日間しかなかったのでなかなか演奏が終わらなくてねぇ。夜中の三時、四時までやってたんですよ」

とのこと。隣にいたプロのアナウンサー飯田利夫さんが、

「一度、朝の七時頃までかかって、ちょっとだけ仮眠して、九時から二日目をやったことがあったよね」

とおっしゃった。飯田さんは三日間、司会者として出演グループの紹介をされている。フォ

ルクローレが大好きで、三十四年間、茨城から川俣町に通い、実行委員としてこのイベントを手伝っている。出演者のこと、音楽のことにとてもお詳しい。短い休憩時間以外、ほとんど出ずっぱりで、さぞやお疲れになると思う。なんでそんなことを続けられるんですかと聞くと飯田さんは、

「若かったからねぇ。その後もどんどん参加者が増えていって、もう無理だと思って会期を三日間にしたから、今は楽なもんですよ」

お言葉ですが、三日間に延びて、楽なはずはないと思う。

それは、たった一人から始まった

まずは「コスキン・エン・ハポン」という名称から説明したい。コスキンとは、アルゼンチン共和国にある市の名前である。そこで、年に一度、中南米音楽の祭典「コスキン祭」が催されている。中南米だけでなく、世界中からトップクラスのアーティストが集まる祭典であり、フォルクローレの聖地となっている。アンデス山脈の山懐にあるコスキン市と同じく、川俣町は阿武隈山系の山中にあるため、ここで「コスキン祭」の日本版を開催しようと中南米音楽の愛好者たちが相談。一九七五年に「コスキン・エン・ハポン」が始まった。

南北に七千五百キロ、標高六千メートル級のアンデス山脈と阿武隈山地はだいぶ違うよう

2013年にドイツから参加したパトリシオ・ゼオリ（ギター、チャランゴの名手）

に思う。どうも日本には、「日本のナントカ」というのが多いような気がする。ナントカ富士というのも似たような現象かもしれないが、他の国でもこういうことはよくあるのだろうかと、ふと思う。

第一回目の出場者は十三組だけだった。ところが、それから約四十年の歳月が過ぎ、近年では二百組近い出場者が集まる、国内最大の中南米音楽の祭典に発展している。全国から集まった老若男女が代わる代わるステージに立ち、名曲「コンドルは飛んでいく」をはじめとする中南米音楽や、日本の曲を中南米音楽風にアレンジした楽曲を次々に演奏している。普段は静かな普通の町が、体育の日を中心にした十月の三連休の間、中南米音楽の祭典で盛り上がる。だがそれは、たった一人の、中南米音楽を愛する男性から始まったのだ。

その方の名前は、長沼康光さん。昭和四年（一九二九）生まれ。昭和二十年代にラジオで聞いたフォルクローレに感動し、コツコツとレコードを集め、一九五五年に同好の士と「ノルテ・ハポン（北日本中南米音楽連盟）」を結成した。それからまた時が流れ、一九七三年。長沼さんの活動を耳にした、ケーナづくりでは日本の第一人者である東出五国さんが長沼さんに電話をかけてきて、ケーナの生演奏を聴かせてくれたという。こうして始まった長沼さんと東出さんとの交流の中から、この音楽祭が始まった。ラジオとレコードと電話。なんとも昭和を感じさせるエピソードだと思う。

最終日のフィナーレ。齋藤さん（左）と司会の長沼さん

当初は、関東と東北で活動する愛好者による手弁当の集まりだった。その頃は、川俣町内のフォルクローレ愛好者は、長沼さんのまわりの一握りの人たちだけだった。だが、長沼さんが一九八〇年に、地元の小中高校生を対象に、無料のケーナ教室を始め、子どもたちと一緒に「アミーゴ・デ・川俣」として出演するようになってから、状

況が変わり始める。

子どもたちにはもれなく親御さんがついてくる。出演する子どもたちの「父兄会」が結成され、裏方として手伝うようになった。徐々に出演者が増えて演奏が明け方までかかるようになると、父兄が出演者たちを自家用車で宿舎まで送っていった。大都市とは違って、職住接近の生活スタイルの方がほとんどなので、お母さんだけでなく、お父さんたちも大活躍である。二世帯同居のおじいちゃん、おばあちゃんも強力な戦力となった。やはり、こういうところは地方の町の強みだと思う。

当初、「コスキン・エン・ハポン」に出演するには、五千円の参加費が必要だった。ただし、この金額には宿泊費も含まれていた。その上に、地元の温かいもてなしがあり、これに感動した人たちが同好の士に伝えたためにさらに出演者が増えていった。参加者が増えてくるに従って、町役場のほうでもほうっておけなくなり、会場となっている公民館の無料提供、地元産品の即売コーナーの設置、駐車場の整理など、様々な協力をするようになった。公民館が終夜営業なのにも驚いてしまう。

町を挙げての日本版コスキン祭

この勢いは止まらなかった。ケーナ教室は長沼さんの私塾だが、一九九七年から小学校四

コスキン・エン・ハポンに出演する「アミーゴ・デ・川俣」の子どもたち

年生の正規の授業でケーナを教えるようになった。川俣町では、二十七歳以下の住人は、全員、ケーナを吹けるのである。お祭りの盛んな地域で、お囃子の笛を吹いている子どもたちがいるけれど、その地域の子どもたち全員が吹けるわけではない。放課後、ランドセルを背負った子どもたちがケーナを吹きながら家に帰っていく姿が、川俣町では普通に見られるというのは、絶対普通じゃない。

やがて、町のおばさんたちもフォルクローレするようになった。地域おこしのグループが実行委員会を立ち上げ、一九九九年から、町の大通りで「コスキン・パレード」が始まった。参加者は全国から集まった音楽祭の出演者と幼稚園児から高齢者までを含む町民たちで、その数は千五百人あまり。町長さんも

オープニングに行われるコスキン・パレード

ポンチョ姿で一緒に練り歩いている。中でもひときわ目をひくのが、華やかな中南米の民族衣装をまとった女性たちなのだ。十歳から六十五歳までのおよそ五十人の地元の女性たちが、音楽の生演奏に合わせて、フレアのたっぷり入った、色とりどりのロングスカートの裾をひらめかせ、舞い踊る。各地の夏祭りなどでよく見かける、浴衣姿で盆踊りのパレードをするおばさんたちと、一味も二味も違う。

この音楽祭は国際交流にも発展している。駐日アルゼンチン大使やコスキン市長が川俣を訪れ、川俣町からも町長や関係者がコスキン市を表敬訪問したことがある。また、一九九九年からは、「コスキン・エン・ハポン」の出演者の中から一組を選定し、本場コスキン祭に日本代表として派遣している。旅費の一部は川俣町から支給される。

さらに、二〇〇二年にサッカーのワールドカップが日本で開催されたときには、アルゼンチン側の要請で、川俣町の住民たちがアルゼンチン代表チームの応援団を組織。町のフォルクローレのグループが練習場を訪れ、選手の前で生演奏を披露した。アルゼンチンと言えば、世界を代表するサッカーの強豪国である。そのアルゼンチンから、失礼ながら日本人でも地名を知る人が決して多くはないと思われる川俣町を、応援団として指名してきたのだから、文化の力は偉大だと思う。

地域特性に関係のない地域文化

そんなこんなでいつの間にか、フォルクローレは川俣町の町の文化になってしまっている。町の歴史とか、地域特性とはまったく関係のない文化が定着したわけであるが、こういう例は実はけっこうある。

古い例を言えば、本書でも紹介している「江差追分」も、元はと言えば、港町である江差とはまったく関係がない、信州の馬子唄がルーツである。それをもっと辿ると、モンゴルの騎馬民族の民謡に行き着くと言われている。

新しいところでも、サントリー地域文化賞受賞者の中にいくつか例がある。富山県福野町

（現・南砺《なんと》市）の「スキヤキ・ミーツ・ザ・ワールド」は、ワールドミュージックの祭典だ。会期前に一カ月間、ミュージシャンが町に滞在し、住民にワークショップを行った結果、トリニダード・トバゴの民族楽器であるスティールドラムが広まった。住民たちによる「スキヤキ・スティール・オーケストラ」が結成され、町内だけでなく富山県内外で演奏活動をしているし、小学校の音楽の授業でもスティールドラムを教えている。

また、すでに紹介したように札幌の「ＹＯＳＡＫＯＩソーラン祭り」は、高知の「よさこい祭り」に感動した一人の学生が、これを北海道風にアレンジして始めたものだ。この「ＹＯＳＡＫＯＩソーラン祭り」が非常に人気を得て、北海道全域さらには全国に広がり、「よさこい祭り」をアレンジしたお祭りが、現在全国二百カ所以上で開催されている。

地域文化が始まるときは、別に地域特性に関係がなくてもいいのだと思う。都で見た歌舞伎、旅芸人が演じた人形浄瑠璃に惚れこんだ人たちが、自分たちもやってみたいと思って、真似をして始めたものが、百年以上の時を経て、今では地域の伝統文化として根づいている。もともとは、地域特性に何の関係もなかった。だけど、地域に定着する中で、徐々にその土地の風土や歴史、担い手である地域の人たちの気風や文化が反映されて、その土地独自の地域文化として育ってくるのだ。

「コスキン・エン・ハポン」も「ＹＯＳＡＫＯＩソーラン祭り」もよその地域の祭りを真似

したものだ。さらに言うと高知の「よさこい祭り」でさえも、徳島の阿波踊りのようなお祭りがしたくて、一九五〇年頃にできたお祭りなのだ。だから、文化は真似をしたっていいのだ。ただし、好きだから真似をするのは文化たりえると思うけれど、よそで成功して有名になっているから、儲かっているからと言って真似をしても、決して定着するとは思えない。梅棹先生がおっしゃる「一文の得にもならんことをするのが文化」の正反対だ。そういうところがけっこう多い。

そういうのは、たいてい続かない。そう簡単に成功したり、有名になったり、儲かったりはしないからだ。そして、うまくいかないからといって、数年でやめてしまう。期待していたほどの経済効果がなかったと、行政や商工会の支援が打ち切られ、それで続かなくなった活動はいくらでもある。だが、不純な動機で始められたものでも、やっているうちに本気で好きになった人たちが生まれてくれれば、地域文化として続いていくことがある。本気で好きな人は、有名にならなくても、儲からなくても、ものすごく苦労しても続けるのだから。

「コスキン・エン・ハポン」も、最初からすべてがうまく行っていたわけではない。今では、素晴らしい地域おこし、まちおこしになっていると言われているが、地域おこしを目的に始まった音楽祭ではない。地域おこしを目的に行えばこんなに長く続かなかっただろう。なにしろ始まった当初は、ＰＴＡの人たちが警備をしてコスキン会場に子どもたちを近づけなかったくらいだ。学校では、「本日はコスキン音楽祭があるので、公民館には行かないように」と、校内放送で各学級に流すことまでしていた。もちろん、一般の町民も近づかない。わけの分からない音楽をやっている、わけの分からない人たちの集団と思われていたのだから。

だが、回を重ねるうちに、多くの町外県外の出演者や観客が、山あいの小さな町に集うようになっていった。行政もこんなに多くの人たちが来てくれるのだから、川俣町をＰＲしようと重い腰を上げた。数人の子どもたちが長沼さんにケーナを習い始めたことから、学校もケーナの音色の素晴らしさに改めて気づき、授業で取り入れるようになった。そして一般の町民も演奏はできないけれど踊りでなら参加できるとパレードを催した。町が少しずつ少しずつ動き、変わっていったのだ。これも中心にいた人たちが、フォルクローレを本当に好きだったからこそ続けてきたおかげなのだと思う。そして、長く続けるということには大きな力があるのだ。継続こそ力なり、なのだ。

さて、もう一度「コスキン・エン・ハポン」の会場に話を戻そう。主催者に儲ける気がまったくないので、会場は入場無料だ。いつでも好きなときに出入りできる。演奏する人たちの参加費も、会期が長くなった分の宿泊費を除けば、ほとんど変わっていない。会場には、全国から集まった出演者や愛好家などの他所の地域の人たちだけではなくて、孫が出ている

公民館の前庭では、深夜まで団欒が続く

から見に来たおじいちゃん、おばあちゃんや、食事を終わって散歩がてら立ち寄るご夫婦、好きなグループ、好きな曲を狙ってやってくる、けっこうマニアックな住民もたくさんいる。子どもたちの姿もとても多い。

朝から夜中までやっているものだから、サルティーニャなどの中南米の郷土料理やビールにワイン、川俣名物として売り出し中のシャモのラーメンなど、食べ物コーナーも充実している。会場である公民館の前庭には、いくつもの椅子とテーブルが並べられ、食べたり、飲んだりする人や、出番を待ちながら練習をしているグループ、常連同士で旧交を温めあっている人たちなど様々。和気藹々とした、のどかな雰囲気が、真夜中まで続いている。

そして、東日本大震災

そして、二〇一一年三月十一日、東日本大震災が発生する。幸い、川俣町では人的被害はなかったものの、町役場をはじめ、六百九十四棟の建物が全半壊の被害を受け、道路も百一カ所にわたって損傷した。直後に起こった原発事故により、隣接する浪江町、双葉町から避難してきた人々七千人を受け入れた。その後、事故の被害が拡大する中、四月二十二日には、川俣町の山木屋地区全域も計画的避難地区に指定され、同地区の住人千二百五十二人が、町内または町外に避難しなければならなくなってしまった。避難地区には指定されなかった地域も、風向きやお天気によっては放射線量が上がる。毎日発表される放射線量の数値を気にかけながら、川俣町の人々は不安な日々を送っていた。そんな中、人々の心を慰め、励ましたのは、全国のフォルクローレ愛好家たちからの支援だった。

まず動いたのは、高齢で病気がちになられた長沼さんの右腕として、長年事務局長を務めてこられた齋藤寛幸さんだった。齋藤さんのもとには、各地から、安否を問い合わせたり、できることはないかと問い合わせたりするメールがいくつも届いていた。その中で、「コスキン・エン・ハポン」でいつもステージの裏方として活躍してくれている関東学生フォルクローレ交流会に、齋藤さんは、次のようなメールを送った。

国内最大のフォルクローレのイベント「コスキン・エン・ハポン」の開催地である川俣町が、かつて経験したことのない地震災害に見舞われております。

川俣町はもとより、津波や放射能の汚染から逃れてきた浪江町・双葉町の住民約七〇〇名が、川俣町のすべての学校や体育館に避難しております。

住民は着の身着のままで避難しており、大変つらい生活をしております。

つきましては、全国からコスキンに来ていただいた方や、フォルクローレを愛する皆さんにお願いがございます。

どうか、川俣で被災している人や川俣に避難している人に、一〇〇円でも二〇〇円でも義捐金をお願いしたいと思います。口座はコスキンの申し込み口座と同じです。

通信欄にメッセージを書いていただければ、被災者の励みになります。

このメッセージに賛同いただける方は、一人でも多くの方に呼びかけていただきたいと思います。

この義捐金は町役場を通してすべて被災者に渡します。

どうかよろしくお願いします。

コスキン・エン・ハポン事務局　齋藤寛幸

このメールは各地のフォルクローレ愛好家たちに送られ、ブログにも掲載された。そして呼びかけに対して、瞬く間に、大勢の人が反応した。メールは次々と転送され、ブログにはたくさんのリンクが張られた。その結果、全国から義捐金が寄せられ、一カ月足らずで百五十万円近くに達した。その後も、各地で行われるフォルクローレのイベントで川俣町あるいは「コスキン・エン・ハポン」への募金活動が行われ、南米各国からも励ましのメールが届いた。振込用紙にも、「また川俣で、仲間と一緒にフォルクローレを演奏したいです」「たくさんの思い出がある川俣町を忘れたことはありません」「川俣の皆さん、頑張ってください」などのメッセージが書き添えられていた。

フォルクローレを愛する人たちにとって、川俣町は、同じようにフォルクローレを愛する仲間がいて、毎年のように通った町のあちらこちらに、たくさんの思い出が詰まっている心のふるさとなのだと思う。そのふるさとの危機、そのふるさとに住む仲間たちの苦難に、いてもたってもいられなかったのだろう。阪神大震災のとき、私も同じようなことを感じたので この気持ちはとてもよく理解できる。今このとき、友達が寒さや不安を耐えている、思い出のたくさんある神戸の街がめちゃくちゃになってしまったと考えるとたまらない気持ちになったのだ。まったく知らない土地ではなくて、何度も行った町、仲間や親切にしてくれた人がいる町が災害にあったとき、災害のリアリティは格段に強まる。

約四十年の歴史を持つ「コスキン・エン・ハポン」。ここに集まる人たちは、単発の人寄せイベントに集まる観光客とは訳が違う。フォルクローレを愛する気持ちでつながったリピーターがほとんどで、川俣町を心のふるさとと思う人々は今や何千人といるはずだ。震災を契機に、改めてそのことに気づいた人もいるだろう。義捐金だけでは満足できず、フォルクローレの演奏で、避難所を慰問したり、「アミーゴ・デ・川俣」の子どもたちに指導をするプロのミュージシャンたちも現れた。町の人たちは、自分たちが支えてきた地域文化の力によって、逆に支えられ、励まされていったのである。

そして、全国のフォルクローレ演奏家たちからの励ましと、また行きたいという声、自分たちも音楽で元気をもらいたいという地域の人々の希望に応えようと、二〇一一年五月二十五日、住民有志による実行委員会と川俣町による話し合いで、例年通り、十月八日（土）〜十日（月・祝）の三日間、川俣町で「コスキン・エン・ハポン」を開催することを決定、五月三十日には案内状も発送された。

実は、冒頭の深夜の競演は、震災の年の「コスキン・エン・ハポン」の様子なのである。恥ずかしながら私は、震災まで川俣を訪れたことがなかった。川俣に向かうタクシーは、ゆるやかな勾配を登りながら、畑や民家の間を縫っていく。震災からまだ半年あまり。民家の屋根に、ところどころブルーシートがかかっていた。地元の運転手さんに、

「こっちに来るのは心配じゃなかったですか？　いやじゃなかったですか？」

と聞かれた。帰りにも違う人に同じようなことを聞かれた。風評被害が広がっていて、訪れる人が減っていること、来たがらない人がいること、福島産と聞けば、放射能に何の関係もない、工業製品でも嫌がる人がいることに、皆さん傷つき、心配されているのだろうと思い、胸が痛くなった。


ところが、「コスキン・エン・ハポン」に集まる人たちは、川俣に来ることを全然嫌がったりはしなかった。例年通りの百六十二組の参加申し込みがあった。会場であると同時に宿舎としても使っていた公民館の一部が避難所になっている上に、倒壊した市役所の機能の一部もここに移転しているので、控え室や着替えの場所もない状態だ。町内や周辺の宿も被害を受けているために、宿舎の確保も大変だったという。しかし、そんな困難もなんのその。震災から半年しか経っていないのに、「コスキン・エン・ハポン」は成功裏に終了した。

次の世代に

齋藤さんは、「コスキン・エン・ハポン」の開催の前、

「放射線量に一喜一憂し、不安の中で折れそうになる心を、「コスキン・エン・ハポン」の仲間たちとフォルクローレが支えてくれました。地域が支えてきた文化が、日本中の人たちに愛され、世界ともつながっていることを教えてくれて、震災に打ちひしがれていた私たちの心に希望と喜びを与えてくれました。そうした文化の力を、次の世代にぜひ伝えていきたいのです」

と話していた。そんな齋藤さんに、コスキン・エン・ハポンが終わって二週間も経たないうちに、私はまた連絡することになった。

十月のある日、サントリー地域文化賞受賞者の「札幌こどもミュージカル」代表者、細川眞理子さんから私のもとに電話がかかってきた。細川さんは妹の岩城節子さんとお二人で、三歳から十七歳の子どもたちによるミュージカル活動を続けている。八十歳を超えていらっしゃるのだが、とてつもなくバイタリティ溢れる姉妹で、故郷の長崎や東京、ポーランドやローマにまで子どもたちを連れて行き、公演活動をされている。震災後、細川さんが指導する子どもたちは、被災地の子どもたちのために何かできることはないかと自分たちで考え、駅前や公園などでゲリラ的なチャリティコンサートを展開し、五十万円もの義捐金を集めた。

子どもたちが次に考えたのが、被災地の子どもたちと一緒にミュージカルをして、お友達になることだった。子どもたちにとってはお友達ができることは素敵なこと。だから、福島の子どもたちにも素敵なことをプレゼントしたいと思ったのだ。彼らのそんな願いに応えたいと考えた細川さんが、被災地のサントリー地域文化賞受賞者を紹介してほしいと、私に連絡してくださったのだ。私はすぐに「アミーゴ・デ・川俣」の子どもたちを思い浮かべた。

細川さんから詳しい話を聞いて齋藤さんにお伝えすると、齋藤さんはほとんど二つ返事で、「子どもたちに話してみます」とおっしゃった。そして数日後、齋藤さんから、行きたいという子どもたちが九人も手を挙げたという連絡が入った。ややびっくり。実は、細川さんの計画を聞くと、かなりハードルの高い提案だったので、内心私は、無理かなー、お受けにならないかなーと思っていたのだ。

細川さんの計画というのはこうだ。まず、細川さんたちが川俣を訪れて説明と打ち合わせを行った後、川俣の子どもたちはビデオを見ながら自分たちで歌と踊りの練習をする。翌年の夏休みになったら、札幌で五日間、川俣と札幌の子どもたちが合同練習を行い、富山県で開催される「富山国際子ども舞台芸術祭」に出演する。さらにその後、長崎に飛んで、長崎の子どもたちも加わっての公演を行うというハードスケジュールなのだ。川俣の子どもたちの旅費は全部、受け入れ側の実行委員会で資金集めをして工面するという。

ちなみに、富山の受け入れ側は、やはりサントリー地域文化賞を受賞しているアマチュア劇団の「文芸座」が中心になっている。少しだけ自慢話をさせていただくと、札幌の「子どもミュージカル」と富山の「文芸座」をつないだのも私だ。他にもいくつか例があるが、異なる地域で活動する受賞者同士が結びつき、何か新しい活動が生まれるお手伝いをさせていただくのはとても嬉しい。なんというか、長年この仕事をしている私だからできるのだという誇りのようなものと、自分自身も一文の得にもならんことができる喜びのようなものを感じるのだ。

さてその後、細川さんと岩城さんを中心とする札幌の人たち、公演開催地である富山と長崎の人たちが、資金集めや子どもたちの受け入れのために、いろいろご苦労されたり、細やかに心配りをされたであろうことは想像に難くない。また、川俣側では、練習を行う札幌、公演先の富山と長崎に、父母が三つのグループに分かれ、ローテーションを組んで交代で付き添いをした。父母の交通費は自腹だ。

富山への出発前、北海道の赤レンガ庁舎の前で、高橋はるみ知事に歌と踊りを披露したとき、子どもたちが川俣の状況を話した。

「今、川俣町の子どもたちは、放射線が怖くて夏なのに長そで長ズボンです。グラウンドで遊べないしプールにも入れない。クーラーもない教室で窓を閉めて勉強しています。北海道のさわやかな空気と青空のもとで演奏できることに感謝しております。私たちは日本全国の皆さんから素晴らしい友情をいただきました」

この話を聞いた後、私は、六十年後の川俣町を想像してみた。震災の翌年に、札幌・富山・長崎を旅した子どもたちのうち、一番小さい子は十歳の女の子。音楽を通じた出会いの素晴らしさを幼い頃に体験した彼女はきっと、その後もずっと音楽を続けるだろう。続けてほしい。そして彼女は六十年後も、川俣でフォルクローレを演奏し続けているかもしれない。彼女の孫もまた、川俣で、今や町の伝統文化となっているフォルクローレをしているかもしれない。そして、その孫が、彼女に聞くのだ。

「ねえ、おばあちゃん。コスキンって、外国のお祭りだったって知ってた？」

「知ってたよ。今から百年くらい前にね、長沼さんって人が始めたんだよ」

「ふーん。おばあちゃん、その長沼さんに会ったことがあるの？」

「あるともさ」

「おばあちゃん、すごーい！」

祭りが地域を守る
——高知県仁淀川町「秋葉神社祭礼練り保存会」

日本のマチュピチュ

日本のマチュピチュってどこだか分かりますか。

答えは、高知県仁淀川町《によどがわちょう》。土佐三大祭りのひとつである秋葉祭りを見るためにこの町を訪ねたとき、宿に置いてあった農水省のパンフレット「天界集落の煌《きらめ》き」にそう書いてあった。祭りが行われるのは、仁淀川町の中でもひときわ山深いところにある別枝《べっし》地区。高知県と愛媛県の県境、標高七百メートルから一千メートルの人里離れた高地にある。見渡す限り山また山。ほとんど平地のない、深山の集落である。電車もバスも通っていないので、車で行くしかない。それも高速道路がほとんど利用できないし、祭りの日はみんなが車を使うからものすごく道が混んでいる。普段は高知市内から二時間もかからないが、祭りの日は下手をするとその倍くらいかかる。こう言ってはなんだけれど高知県内の道はあまり整備されていない。県庁の友人に聞くと、海岸線が長く太平洋に面した高知県では、毎年、台風が来るたびに、ダメージを受けた港や防波堤の修理をしなければならないので、道路にまでなかなかお金と手が回らないそうだ。なるほど。

さて、そのパンフレットには、段々畑が山の頂まで連なる昭和三十年代の写真が掲載されている。それはまるで天まで届く段々畑だ。マチュピチュが建設されたとされる十五世紀よりもはるか昔、十二世紀以前から人がこの地に住みつき、営々と田畑を切り開いてきた様には思わず息を飲むけれど……標高二千四百メートルの空中都市、世界遺産のマチュピチュに譬《たと》えるのは、申し訳ないけれど、やっぱりちょっと言い過ぎかなと思ってしまう。

日本各地の人里離れた集落には、落人《おちうど》伝説が残っているところが多いが、ここにも平家の落人伝説が伝わっている。ただ、別枝に落ちてきたと伝えられているのは、絢爛豪華なVIPばかりだ。安徳天皇その人とその祖母であり、平清盛の妻・時子、「見るべき程の事は見つ」と言い残したと言われる知盛、美貌の貴公子・敦盛だそうだ。皆さん、死んでなかったということだ。安徳帝の陵墓や帝を弔う「都踊り」も伝わっている。日本の落人伝説は実はけっこうインターナショナルで、キリストの墓（青森県）や楊貴妃の墓（山口県）もあるくらいだから、それに比べれば、平家が滅びた壇ノ浦は、ここからほんのご近所。まぁ、ありえないことではない、かもしれない。

日本の祭りがてんこ盛り

秋葉祭りも、落人伝説に少しだけ関係がある。天皇一行を守る見張り番役の一人が、遠州（静岡県）秋葉山からご祭神を勧請したと伝えられているのだ。その後、ご祭神は何度か場所を遷して祀られていたが、今から二百年あまり前、現在の秋葉神社に遷されたときに、この祭りが始まったらしい。毎年二月九日から十一日にかけて、秋葉神社のご祭神が、かつて祀られていた地に二泊三日で外泊する。その三日間の行事が秋葉祭りである。中でも、三日目に秋葉神社に戻るご祭神を送る「練り」と呼

雪の中、200人余りの行列が山道を練り歩く

ばれる行列が見もので、一万人を超える観光客が、ひなびた山の中に押しかける。

練りを出すのは、別枝地区の中の本村、沢渡、霧の窪という三つの集落である。早朝、それぞれの集落を出発した行列が、賑やかに囃子を奏でながら徒歩で移動し、最初にご祭神が祀られた岩屋神社に集まる。そこから、ご神体を載せた神輿が、山の中の約三キロの行程を、縁《ゆかり》の地を巡ってゆっくり練り歩く。神輿につき従って行列に参加するのは二百人あまり。夕方までかかる神幸の途中で、様々な芸能が奉納される。

その中でも最も人気があるのは、七メートル近い毛槍を投げあう鳥毛《とりけ》ひねりだ。土佐山内家が参勤交代の折に携えた毛槍は長く大きかったために、江戸でも有名だった。秋葉祭りの毛槍はそれを模したものだといわれる。粋でカラフルな火事装束を身にまとった鳥毛役と呼ばれる青年が、二人一組でこの毛槍を投げあう。十メートル以上離れて向かいあい、片方が毛槍を構える。見ているとなんでもなさそうだが、国の天然記念物、東天紅の尾羽の飾りがついた七メートルの槍の棒は、重いし、しなるし、まっすぐに立てるだけでも至難の業だ。私も一度持たせてもらったけれど、一人で持つのはとても無理。これを十メートルくらい、それも空高く投げ上げるのだから、相当の技量が必要だ。

一方、毛槍を投げる側が構えている間、それを受ける側は、両手を大きく広げ、その手が地面にすれるくらい身をそらし、体をひねりながら回転する「ひねり」という舞いを舞う。

天高く毛槍を投げあう鳥毛ひねりは祭りの花形だ

機が熟すと、毛槍が空高く投げ上げられる。さっきまでひねりを舞っていた鳥毛役が、ジャンプして鳥毛を見事にキャッチ！　すると観客から「おぉーっ！」というどよめきと、続いて拍手が沸き起こる。アクロバティックで、実に、実にカッコいい。鳥毛役は祭りの花形なのだ。

ひょうきんな油売りも人気者だ。各地区一人の油売りがいて、どてらのようなものを来て、ももひきをはき、ひょっとこやおかめの面をつけている。お互いにいたずらをしあったり、じゃれあったり。練りの行列が着く前に、待ち受けている見物客を笑わせながら、お守りを売り歩く。行列の到着を待つ間、見物客が退屈しないようにという、演出上の配慮も感じる。青竹と色鮮やかな和紙でつくられたそのお守りは、火除けのご利益があると信じられている。ひとつ千円。お守りを買う人には、地元の人もけっこういるようで、自分の地区の油売りを指名して買っている。売り上げ金は各地区の資金源にもなっているようだ。

そのほかにも、小学生、中学生の子どもたちが、真剣を振りかざして踊る太刀踊りや、アップテンポのお囃子に合わせて、油売りや、狐の面をかぶった人々、獅子舞の獅子が舞い踊る神楽もある。荒々しく左右に揺さぶる荒神輿、祭りの先導役である天狗面の鼻高《はなたか》、見物客を威嚇（?）し、人払いをしながら祭りの進行を見守る鬼面の悪魔など、秋葉祭りは、様々なお祭りの要素がてんこ盛りに盛り込まれている。

たぶんこれは、秋葉祭りの二百年の歴史の中で、時代時代に面白い、カッコいい、やってみたいと思ったものを、各集落でどんどん取り入れ、良いところはお互いに真似していった結果なのだと思う。太刀踊りは、最初、沢渡地区が始めたものだそうだが、すぐに他の地区も取り入れ、今では三つの集落で行われている。鳥毛ひねりだって、最初はあれほど長い毛槍ではなかったのではないかと思う。「見ろ、俺たちは、こんなに長い毛槍を投げられるんだ！」「何をっ、負けるもんか！」と言って三つの地区が競争しているうちに、どんどんエスカレートして、七メートルというとんでもない長さになったのではないだろうか。

お祭りはできたときの姿のまま、今日まで保存・継承されてきたのではなくて、伝統が革新されながら今日まで続いてきたのだ。そのお陰で、秋葉祭りは見所満載。とても写真写りがいい祭りであるが故に、集まるアマチュア・カメラマンの数は半端ではない。重そうなカメラ器材を抱えた人々がぞろぞろ山道を歩いているし、いい写真が撮れる場所には、カメラマンが鈴なりになっている。

限界集落のお祭り

ところが。この祭りを行っている別枝地区の人口は、わずか百三十人（二〇一三年十二月現在）しかいない。この数字は、住民票がある人の数で、実際には住んでいない人や、行列を

秋葉神社には石造りの見物席もある

出している三つの集落以外の集落の人口も含まれている。ちなみに練りを出している霧の窪に本当に住んでいる人はわずか数人。しかも別枝地区全体の高齢化率は七六パーセントだが、霧の窪では一〇〇パーセントに達している。完全な限界集落だ。それなのになぜ、子どもたちも大勢参加する、総勢二百人あまりの行列が可能なのか。

実を言うとこの祭りは、他所の地域に住んでいる人たちによって支えられているのだ。とはいっても、祭りの助っ人として最近よく耳にするような、自衛隊や学生アルバイトに頼んでいるわけではない。近隣他地区の人たちや、普段は他所に住み、祭りのために帰ってくる別枝出身者、親類縁者によって支えられている。別枝の人たちは、盆と正月には帰

真剣で青竹を断ち切る太刀踊り

らなくても、秋葉祭りのときには帰ってくる。娘が嫁に行くときは、お父さんが婿殿に頼むそうだ。「祭りのときには帰って来て手伝ってくれ」と。一家でまちの外に住んでいても、生まれた家と住民票は残していて、祭りのたびに戻ってくる人もかなりの数に上るという。

別枝地区の少子高齢化は、一九六〇年代から深刻化している。とくに大きな打撃を与えたのが、一九六六年の百円紙幣の廃止だったという話には驚いた。この地域は、土佐和紙の原料である三椏《みつまた》の生産地。明治から昭和の中ごろまでは、紙幣の原材料としての需要が、山村の経済を支えていた。ところが百円紙幣の廃止によって三椏の需要が激減し、若年人口が流出していったというのだ。お札が硬貨にかわることで、地方にこんな影響が出るのだ。そして、一九八〇年頃から今日まで、別枝地区では一人の子どもも生まれていない。最後の子どもを生んだ、この地区では最も若かった夫婦も、今では六十歳前後になっている。

子どもを「雇う」

ところが、子どもたちが演じる太刀踊りが、祭りにおいて非常に重要な役割を果たしている。子どもがいなくなってしまったら祭りを続けられなくなると危惧した秋葉神社祭礼練り保存会の人々は、一九七五年、同じ町内で、別枝地区よりもはるかに人口の多い隣の地区の小学校に協力を求め、そこに通う子どもたちに出演してもらうことを決断した。英断だと思う。氏子以外のよそ者を神事である祭りに入れるというのは、今の時代から見ても十分革新的なことだ。当然、当時も大きな反発があったという。そこを保存会の人たちが説得した。祭りを守るために。

他所の地区の子どもたちに参加してもらうことを、保存会の人々は「雇う」と言っている。他人様の子どもを預かるのだから、いったん雇ってきた以上、保存会としては責任重大である。しかも子どもたちは、青竹をすぱっと断ち切るような真剣を手にして踊る。万が一の間違いがないように、指導には本当に気を遣っただろう。その苦労の甲斐があってか、小学校一年生、たった六〜七歳のときに初めて雇われてきた子どもたちのほとんどが、中学三年生まで続ける。途中でやめる子はほとんどいないそうだ。

その間、優しく、ときに厳しく、踊りの指導をしてくれる保存会の高齢者たちとは、本当のおじいちゃんと孫のような温かい絆が生まれる。高校や大学への入学、就職などで遠くに行ってしまう子どもたちもいるが、地元に残った子は、太刀踊りを卒業した後も、お囃子や神楽など、練りの中の様々な役割を覚えていく。全員男の子だ。もちろん、彼らの最終目標は、鳥毛役だ。彼らにとって鳥毛役はヒーローであり、みんな、いつかは僕も鳥毛役になりたいと憧れている。

現在、練りの重要な役割である、先導役の鼻高や悪魔、道化役の油売り、鳥毛役などは、ほとんど全員が小学生のときに、他地区から雇われてきた人たちだ。三十代から四十代。先輩・後輩の関係はあるが、お互いに子どもの頃からの知り合いだから、とても仲がいい。私が出会ったおばあちゃんは、孫が鳥毛ひねりに出ていて、ひ孫が今年から太刀踊りに出るので、わざわざ遠くから見に来たとおっしゃっていた。親子二代で祭りに参加している他地区出身者も少なくないらしい。これまでは別枝地区の古老たちが担っていた子どもたちの太刀踊りの指導も、近年は彼ら若手が行っている。自分たちも、かつて踊った踊りだから。彼らにとってはもしかしたら、自分が現在住んでいる地域よりも、別枝での人間関係のほうが、濃密で広いのではないだろうか。別枝は、彼らにとって、ふるさと以上にふるさとらしい場所かもしれない。

町を挙げての祭りに

保存会では、四十年ほど前から、神輿の担ぎ手として町の消防団に協力を依頼している。当然、大勢の、他地区の、氏子ではない大人たちが祭りに参加するようになった。近年では、太刀踊りに出ている子どもたちの父親や、中学校の英語教師として滞在中の外国人も神輿を担いでいる。お母さんたちは、子どもたちの着付けや、途中休憩の折の給水、おやつ係としてお手伝いしている。

また、仁淀川町役場の職員たちも総出で祭りに協力している。電車も路線バスも通わない別枝地区に、祭りのときには二千台近い観光バスやマイカーがやってくる。とてもではないが、保存会の人たちの手に負える数ではない。わずかな平地や道路脇をフルに活用して仮の駐車場をつくり、交通整理に奮闘しているのが役場の人たちなのだ。息子が今年、鳥毛ひねりとしてデビューしたけれど、持ち場を離れられないので見に行けないと嘆いていた職員さんもいた。だが夕方になって、職場の仲間たちが、後は自分たちで頑張るから見に行ってこいと言ってくれたそうだ。息せききって山道を登り、秋葉神社で行われる最後の鳥毛ひねりに間に合い、息子の晴れ姿を目にすることができたと嬉しそうだった。

二〇〇五年に行われた市町村合併は、この場合、秋葉祭りにとって幸いしている。別枝地区がある仁淀村とそれよりもずっと人口の多い池川町、吾川村の一町二村が合併して仁淀川町が誕生した。これによって役場のマンパワーは強化され、保存会が協力を仰げる町域も広がった。そして新しくできた町の住民たちにとっては、これまではよその村の祭りだった秋葉祭りが、自分たちの町の祭りになり、町全体の誇りになっている。

市町村合併に関しては、以前はわが町唯一、最大の誇りとして大事にされていた地域文化が、合併後は数ある文化のひとつになってしまい、横並びで低いほうにあわせて支援がカットされたり、一律、すべての地域文化に対する助成が打ち切られたりという悲惨な話も耳にする中で、数少ない明るい話である。秋葉祭りが祭りとして群を抜いて素晴らしい地域文化であり、知名度も高いことが原因と考えられるが、それもひとえに、過疎や少子高齢化と戦いながら頑張ってきた保存会や別枝地区の皆さんの努力の賜物だと言える。

おそるべし高知流宴会

祭りの後の直会《なおらい》では、大皿に料理を盛り込んだ「さわち料理」を前に、高知独特の杯の応酬が繰り広げられる。私はその日、本村の片岡和憲さんのお宅で開かれていた直会に参加させていただいた。片岡さんは高知市内に住み、祭りのために毎週のように別枝に帰ってきていらっしゃった。普段は高齢の母上が一人で暮らす生家に、祭りの日には、片岡さんのお子さんたちもお嫁さんやお婿さん、孫たちを連れて帰ってくる。直会のお客さんだけでなく、片岡家の皆さんも集まって大賑わい。大人の声に混じって、ときおり、小さな子どもたちの話し声、笑い声も聞こえる、素敵な宴会だった。

受けた杯を飲み干して、相手に返し、お酌をする。その間、いろいろと話をする。これが高知流の宴会だ。昼間に見たお祭りで、誰よりもひねりの舞いが見事だった鳥毛役、下方洋平さんは本村の人だった。とはいえ本村の出身でも、住んでいるわけでもない。子どもの頃に雇われて、その後もずっと祭りに参加し続けているのだ。杯を交わしながら下方さんに聞いたところによると、彼はあの妙技を披露するために、腹筋やらジョギングやらの体力づくりに日々、「半端なく励んでるっすよー」とか。さらに偶然なことに、昼間に私が出会ったおばあちゃんのお孫さんだということが判明。太刀踊りにデビューしたというひ孫は、下方さんの息子さんだったのだ。

ちなみに下方さん、二年後に秋葉祭りを見に行ったときには、鳥毛役を後輩に譲って引退し、羽織袴姿で練りに加わっていた。しかし、強風に煽られて大きくコースを外れた毛槍が、警護についていた彼のほうに飛んできたとき、とっさに下駄を脱ぎ捨てて、見事にキャッチ。観客からやんやの喝采を浴びていた。その夜の直会でも彼に再会し、「あのとき、気持ちよかったでしょ？」と聞くと、「もちろんっすよー」と嬉しそうだった。

杯が行き交い、会話が弾む。杯とお酒を手に、遠来の客、目上の人にお酒を注ぎに行く人たちは、下方さんだけでなく、若い人も年配の人も、皆さん会話が非常にお上手だ。高知流宴会で鍛えられているという感じがする。だが、この高知流宴会には危険な罠も潜んでいる。遠来の客、つまりよそ者が酔い潰されることが多々あるのだ。研究会で二度、高知を訪ねているが、そのたびに死屍累々。とくにこの仁淀川町では、メンバー七人のうち三人も潰された。余談だが、こういう危地に立つと性格がもろに露呈する。身に迫った危険を察知する間もなく轟沈する人、なまじ自信があるので受けてたって撃沈される人、忍者のように気配を消してやりすごす人、ひたすら逃げ回る人。おそるべし高知流宴会なのだ。

地域が祭りを守り、祭りが地域を支える

これが過疎と少子高齢化に悩むまちの直会かと、驚き呆れるくらい若者がわんさかいて賑わっている片岡家を後にして、保存会の会長、吉岡郷継《さとつぐ》さんのご自宅に向かった。空には満天の星。再び余談だが、別枝でお会いした方は、岡がつく方ばかりだった。片岡さん、吉岡さん、押岡さん、神岡さん。吉岡さんは、高知の地元テレビ局に勤めていた方で、メディア関係者としてのノウハウと人脈を活かし、秋葉祭りのＰＲに尽力された。吉岡さんが中心に

なってまとめられた写真集『土佐秋葉まつり　練り』は、写真の素晴らしさもさることながら、秋葉祭りの歴史が詳しく調べられ、個々の行事が細部まで記録されている貴重な資料だ。現在もお住まいは高知市内だが、ご実家を別枝に残し、頻繁に帰っていらっしゃるそうだ。

吉岡さんが生まれ育った沢渡のご実家で、囲炉裏を囲んでお話を伺った。囲炉裏には、里芋やこの地方独特のこんにゃくが刺してある。磨り潰した野生の山椒を入れた、奥様手づくりの味噌をつけて焼く。山椒のさわやかな刺激で、またお酒が進む。田楽の焼け具合を見ながら、吉岡さんが静かに話してくださった。

「小学生のときから秋葉祭りに出ている、あの若者たちがいてくれるから、この祭りは、あと三十年は確実に続けられます。だけど、このままだと、いずれこのあたりは誰も住んでいない場所になる。住む人のいない、ただの山の中で練りをやっても、それは祭りとは言えません。人の住む、里にあってこその祭りですから」

そして、こう続いた。

「でも、この祭りがなかったら、この里はずっと前に、誰も住んでいない、ただの山の中になっていました」と。

そうなのだ。祭りを守るために、別枝の人たちは絶えざる努力をしてきた。祭りのために地域を離れない人たちがいて、祭りのために頻繁に帰ってくる人、年に一度だけれど必ず帰ってくる人たちがいる。祭りを地域の外に向かって開く決断もした。いったん開いた後は、入ってきた人たちを迎えるために、知恵を働かせ、心を砕いた。だから、今や地域外の大勢の人たちが祭りを支えている。地域の人たちが祭りを守ろうとしたその努力が、結果的には地域を、人々を支えている。素晴らしいことだと思う。

伝統を守れという人たちが、実は型を守っているだけだと思うことがよくある。そもそも、伝統文化も、始まったときは創作か、あるいは他所の地域の文化を真似して取り入れたものだったということに思いを巡らすこともなく、ちょっとでも変えることは悪いことのように考えている人たちが多いと思う。その結果、形だけは残せても、時代の流れの中で、文化そのものを守れるかどうかの瀬戸際に立たされているところもある。

文化財保護の考え方の中には、どうもオリジナル主義があるように思う。富山県の「おわら風の盆」の方に伺ったのだが、明治以降に何度か大幅な変更を加えたため、文化財としてはあまり評価してもらえないのだそうだ。「おわら風の盆」は江戸時代に始まったとされる盆踊りだが、哀切な音色で風の盆をとくに強く印象づける胡弓も、明治になってから取り入れられたものだ。昭和の初期には花柳流の師匠を迎えて踊りを大幅に変えた。三日間に三十万人近い観客が集まる優美な踊りだが、国の文化財指定は受けていない。秋葉祭りも、県の文化財指定しか受けていない。

文化庁の方にお話を伺うと、初期の頃には、そういう傾向はあったかもしれないが、今は、必ずしも変えたから駄目だという考え方はしていないそうだ。あくまでも保護をすべき緊急性と文化財としての重要性に重点を置いて選定しているという話だった。だが、当初のオリジナル主義が、現場の人々に対して、伝統文化は変えてはいけないんだという思い込みを定着させる一因になった可能性はあると思う。

生き残っていくための変革を行わず、ひたすら昔のままの姿を守り、継続の危機に面している伝統文化に対して、希少な絶滅危惧種として保護をするために文化財指定を行うというのは、ある面では理解できる。文化財指定は文化財保護法に基づくものなのだから。聞けば、文化庁で文化財保護の仕事を担当されている方はわずか数人だそうだ。別の稿で触れた通り、日本には三万件とも言われる伝統文化があると言われる中、調査を行い、支援の手を差し伸べるにしても、なかなか手が回らないという現実も理解できる。勢い、少子高齢化と過疎の波の中で、失われようとしている文化を守ることが優先されるのだろう。

だが、文化庁の人手を含め、文化財保護のために国の予算、文化予算を増やすことができれば、守るべき伝統は守りながら、常にグレードアップし、洗練され続けてきた伝統文化も、文化財指定をして、さらなる発展のためのサポートができるのではないだろうか。こうした伝統文化は、古い形のままで残っている伝統文化と同じくらい、あるいは磨き続けてきた分それ以上に、素晴らしい日本の文化として、全国や世界に知ってもらい、誇るべきものだと思う。そういう積極的な意味の文化財指定もあってもいいと思うし、アマチュアが支えている伝統文化のサポートのために、もっと国の文化予算を使ってほしいものだと改めて思う。

秋葉祭りは、江戸時代から常に新しいものを取り入れ、そうすることによって一層、その時代、時代の人々に愛され、地域で守られてきた。そして、別枝の人たちは、形式としての伝統を守るのではなく、祭りそのものを守るために、祭りを開くという、革新的な決断をした。だからこれほど厳しい状況にあっても、祭りの活力は失われず、祭りのとき、地域は普段の百倍以上の人口に膨れ上がり、地域そのものも活気づく。祭りが地域を支えている。こうした秋葉祭りの努力と知恵は、過疎と少子高齢化に悩む全国の伝統文化にも活かせるのではないだろうか。

ふるさとを継ぐ者

吉岡さんは、祭りを縁につながった多くの人々と一緒に、二〇〇八年、「秋葉まつりの里を元気にする会　えんこ巌《いわ》」を立ち上げた。別枝ブランドの産品の開発と別枝ファンを増やすことが目的だ。祭りは今のシステムで何とか守っていける。だが、人が住み続けられる地域であるために、行政の支援をあてにするだけでなく、自分たちも少しでも頑張ろうという思いからだ。

この地域は昔から谷間の斜面を利用したお茶の栽培が盛んである。谷から上がってくる霧が茶づくりには適しているらしく、「によど茶」は香りの高い美味しいお茶として、知る人ぞ知る存在だ。私が初めて仁淀川町に行ったとき、役場で出していただいたお茶を一口飲んでびっくりした。今まで飲んだお茶の中でもトップクラスの美味しさなのだ。おそらく、役場で出すお茶を町の顔と考えていて、上等なお茶を丁寧に淹れてくださったのだと思うけれど、本当に美味しかった。ところが、ここで栽培されたお茶の大半は、静岡茶のブレンド用として流通している。独自の販路がなく、「によど茶」のブランドが確立していないからだ。

そのため、人口減少にともない、耕作を放棄された茶畑もどんどん増えている。

「えんこ巌」では、秋葉祭りの練りが通る道筋で、荒れ果てたままになっている茶畑を借り受け、お茶の栽培を始めた。ほかの耕作放棄地も借り受け、小豆などの栽培も始めた。それによって、山里で行われる祭りとしての景観を守ることもできる。また、自分たち独自のお茶の販路開拓にも乗り出した。祭りの日にはお店を出し、おでんやぜんざい、ホットコーヒーを提供している。雪がちらつく寒い日に、練りにくっついて歩く身にとって、「えんこ巌」の温かい食べ物、飲み物がどんなに美味しかったことか。

現在、会員は約五十人。別枝ファンの賛助会員はすでに二百人ほどになっている。会員の中には、祭りがきっかけでIターンした三十代の女性や、定年後、別枝に戻ってきた六十代前半の〝若手〟高齢者もいて、なんとか秋葉の里がただの山にならないように、人が住む里であり続けられるように頑張っている。

吉岡さんのお父上は保存会の初代会長だ。このままでは駄目だと保存会をつくり、祭りの詳しい記録を残した。祭りを外に開いて、他所のまちに子どもを雇いに行く決断を下された方でもある。祭りやふるさとへの危機感を人一番敏感に感じ取られていた方だったのだと思う。息子さんにふるさとを継ぐ者になってほしいと願って、吉岡さんに「郷継」という素敵な名前をつけられたのではないだろうか。今、吉岡さんは保存会会長を片岡さんに譲られ、毎日のように別枝に通って、仲間たちと一緒に、お百姓仕事に精を出しておられるそうだ。

あとがき

二〇一三年二月、私は「プロジェクトK」から呼び出しを受けました。この怪しげなプロジェクトのメンバーは、地域文化に関する研究会に参加していただいていた慶應義塾大学の渡辺靖さん、京都大学の待鳥聡史さん、立命館大学の徳久恭子さんと、私の上司の今井渉さんでした。「プロジェクトK」とは、小島に本を書かせるプロジェクトだとか。

研究会は、地域文化賞受賞へのヒアリング調査が中心で、自然と私が案内役になり、一緒に各地を訪ねていました。そのため、「プロジェクトK」の皆さんから、そんなに日本中の地域文化に詳しいんだから、何か書け、と言われたのです。地方に行って、素晴らしい地域文化に触れて、その土地の美味しい食べ物と美酒を楽しんで終わり、ではなくて、この仕事を始めて三十年にもなるのだから、その総まとめをしろ、と。書けない、書きたくない理由をいろいろ言い訳したのですが、ことごとく論破されてしまいました。追い詰められて、逃げ場を失い、キツネ狩りのキツネになった気分。で、とうとう書くと言ってしまったのです。

でも、書き出したら、楽しかった。私は財団事務局として、文章を書く機会はわりと多いのですが、ほとんど無記名の文章です。字数も限られていて、簡潔で分かりやすいことが最大のミッション。自分の文体とか個性が出るわけもなく、筆者の性別すら分からないことがほとんどだと思います。それが今回初めて、好きなことを、好きなだけ、好きなように書くことができました。

そうして生まれたのが、ひどくオジサン化した、大阪のオバサンの文章だったのです。文章に素の自分が出ていてお恥ずかしい限りです。また、オバサンの傍若無人さを発揮して、私憤、公憤、義憤のあまり、暴言、放言を吐き散らしています。これも地域文化を愛するあまりとご寛恕いただければ幸いです。ただ、ふるさとアイデンティティがないと嘆いていたのに、心はしっかり大阪人、少なくとも関西人である自分を改めて発見したのは、嬉しい驚きでした。

初めて一冊の本を書くに当たっては、本当に多くの方のお力添えをいただいたことに、この場を借りて改めてお礼を申し上げます。「プロジェクトK」の皆さんには、愚痴を聞いてもらったり、多くのアドバイスをいただきました。サントリー地域文化賞選考委員会の後の二次会で、最初に考えた目次案を見ていただいた選考委員の御厨貴さんと佐々木幹郎さんからは、

「面白くない！　総花的で、あなたらしさが出ていない」

「あなたがなぜ地域文化にそんなに一生懸命なのか、それを書きなさい」

とお叱りをいただいたことで、俄然、奮起しました。先日亡くなった評論家の粕谷一希先生、私の最初の上司、黒澤清治さん、元新聞記者の滝沢岩雄さんには、原稿を丁寧に読んでいただいて、貴重なアドバイスをいただくことができました。地域文化に関する研究会に参加していただいた多くの先生方からも貴重なご示唆をいただきました。また、本書に登場する地域文化活動の受賞者の皆さんには、お忙しい中、写真提供や事実確認など、大変お世話になりました。最後に、本当にちゃんと書けるのかどうか自分でも分からなかった私の本を、出そうと言ってくださった筑摩書房の松田健さんにも深く感謝しております。


さて、やっと肩の荷を降ろせました。次はどこに行こうかしら。

参考文献

全体に関するもの
梅棹忠夫『都市と文化開発（梅棹忠夫著作集第二一巻）』中央公論社、一九九三年
山崎正和編『文化が地域をつくる』学陽書房、一九九三年
日本文化行政研究会・これからの文化政策を考える会『文化行政――はじまり・いま・みらい』水曜社、二〇〇一年
『平成の大合併と地域文化――フィールドワークから見た新しい「われわれ」』市町村合併と地域文化研究会、二〇一〇年
『地域文化をめぐる同時代史的研究会研究成果報告論集』地域文化をめぐる同時代史的研究会、二〇〇八年
山崎正和『社交する人間』中公文庫、二〇〇六年

第1章
YOSAKOIソーラン祭り
軍司貞則『踊れ！「YOSAKOIソーラン祭り」の青春』文藝春秋、一九九六年
坪井善明・長谷川岳『YOSAKOIソーラン祭り――街づくりNPOの経営学』岩波書店、二〇〇二年
江差追分会
館和夫『江差追分物語』北海道新聞社、一九八九年
『風濤成歌――江差追分【江差追分会再興五十年記念誌】』江差追分会、一九九九年

松村隆『たば風に唄う――江差追分　青坂満』北海道新聞社、二〇〇六年
五木寛之『青春の門　第七部、挑戦篇』講談社、一九九三年

昭和新山国際雪合戦

佐々木幹郎「雪球を当てる楽しみ、当てられる悔しさ――昭和新山国際雪合戦」（『サントリークォータリー』八七号、二〇〇八年）
『雪合戦マガジン』一～六号、雪合戦マガジン舎、二〇〇八～二〇一三年
『姉妹都市交流ブックレット――あなたの町の国際交流をより元気にするために』国際交流基金日米センター、二〇〇六年

第2章

いいだ人形劇フェスタ

『人形劇カーニバル飯田一〇周年記念誌　人形たちがやってくる』人形劇カーニバル飯田実行委員会、一九九〇年
『いいだ人形劇フェスタ一〇周年記念誌　つながってく。～人形たちと歩んだ三〇年～』いいだ人形劇フェスタ実行委員会、二〇〇九年

能勢　浄瑠璃の里

『能勢の浄瑠璃史』能勢町教育委員会、一九九六年
『響き舞う　能勢の浄るり』能勢町教育委員会、二〇〇二年
桑田瑞穂「歴史を受け継ぎ文化を生み出す――能勢　浄瑠璃の里」（『アステイオン』七九号、二〇一三年）

現代版組踊「肝高の阿麻和利」

平田大一『キムタカ！――舞台が元気を運んでくる　感動体験夢舞台』アスペクト、二〇〇八年
五木田勉『やる気スイッチはいつ入る？――平田大一とキムタカの子どもたち』学研パブリッシング、二〇一〇年

桑田瑞穂「感動体験が子どもたちを変えた――現代版組踊「肝高の阿麻和利」」（『アスティオン』七六号、二〇一二年）

第3章

内子町・岡田文淑さん

『エプタ』第四五号「特集　木蠟と白壁の町　内子」エプタ編集室、二〇一〇年
岡田文淑「地域からの発信――まちづくりレースの中で」（『地方財政』一九九五年）
『引き算型まちづくりの実践へ――岡田文淑講演録』高野山創造学叢書②、高野町、二〇〇八年

秋葉神社祭礼練り保存会

『写真集　土佐秋葉祭り　練り』秋葉神社祭礼練り保存会、二〇〇五年
桑田瑞穂「集落に人を呼び込む祭りの力――秋葉祭り」（『アスティオン』七八号、二〇一三年）

写真提供

第１章
YOSAKOIソーラン祭り組織委員会
江差追分会
昭和新山国際雪合戦実行委員会

第２章
いいだ人形劇フェスタ実行委員会
浄るりシアター
あまわり浪漫の会
桑田瑞穂氏（P.145, P.147）

第３章
岡田文淑氏
川俣町
秋葉神社祭礼練り保存会

サントリー地域文化賞歴代受賞者一覧

都道府県	市町村	受賞年	受賞回	団体名
北海道	釧路市	2010	32	北海道くしろ蝦夷太鼓
	壮瞥町	2007	29	昭和新山国際雪合戦
	札幌市	1999	21	加藤 博氏（個人）
	札幌市	1998	20	YOSAKOI ソーラン祭り
	函館市	1993	15	市民創作「函館野外劇」の会
	士別市	1991	13	士別サフォーク研究会
	札幌市	1990	12	札幌こどもミュージカル
	東川町	1989	11	東川氷土会
	置戸町	1987	9	おけと人間ばん馬
	函館市	1985	7	南茅部沿岸漁業大学
	旭川市	1983	5	木内 綾氏（個人）
	江差町	1982	4	江差追分会
	函館市	1979	1	カール・ワイデレ・レイモン氏（個人）
青森県	大鰐町	2009	31	ひばのくに 雪の大食卓会
	八戸市	1990	12	八戸市民創作オペラ協会
	弘前市	1983	5	高橋 彰一氏（個人）
岩手県	陸前高田市	2005	27	全国太鼓フェスティバル
		2011	33	同上（特別賞）
	遠野市	1983	5	遠野市民の舞台
宮城県	気仙沼市	2011	33	森は海の恋人運動
	仙台市	2002	24	定禅寺ストリートジャズフェスティバル
	石巻市	1994	16	村上 定一郎氏（個人）
	加美町	1989	11	中新田バッハホール
	石巻市	1985	7	石巻　文化をはぐくむ港町づくり
秋田県	小坂町	2010	32	エコの文化が根づくまち　小坂
	大仙市	2006	28	大曲の花火
	羽後町	2003	25	西馬音内盆踊保存会
	秋田市	1980	2	秋田伝承遊び研究会
山形県	川西町	2012	34	山形県立置賜農業高等学校
	山形市	2007	29	山形国際ドキュメンタリー映画祭
	上山市	2005	27	全国かかし祭

山形県	山形市	2001	23	山形交響楽団
	鶴岡市	1998	20	山口 吉彦氏・山口 考子氏（個人）
	鶴岡市	1988	10	黒川能
	鶴岡市	1981	3	白甕社
福島県	会津若松市	1995	17	童劇プーポ
	川俣町	1993	15	コスキン・エン・ハポン
		2011	33	同上（特別賞）
	檜枝岐村	1992	14	檜枝岐 いこいと伝統の村づくり
	いわき市	1991	13	いわき地域学會
	福島市	1979	1	ＦＭＣ混声合唱団
茨城県	桜川市	2011	33	真壁　伝統ともてなしのまちづくり
	つくばみらい市	2008	30	つくばみらい市綱火保存連合会
	取手市	2007	29	取手アートプロジェクト
	常陸大宮市	2006	28	西塩子の回り舞台保存会
	土浦市	1987	9	土浦　歴史と自然のふるさとづくり
栃木県	栃木市	1999	21	栃木〔蔵の街〕音楽祭実行委員会
	宇都宮市	1992	14	いっくら国際文化交流会
群馬県	大泉町	1986	8	細谷 清吉氏（個人）
埼玉県	秩父市	2007	29	秩父歌舞伎正和会
	秩父市	1993	15	吉田町龍勢保存会
	川越市	1991	13	川越いも友の会
千葉県	香取市	2008	30	佐原囃子保存会
	千葉市	1988	10	佐治 薫子氏（個人）
	市川市	1980	2	市川交響楽団
東京都	武蔵野市	2004	26	武蔵野中央公園 紙飛行機を飛ばす会連合会
	文京区	1992	14	谷根千工房
	墨田区	1988	10	下町タイムス社
神奈川県	横浜市	2000	22	ヨコハマ映画祭
	横浜市	1990	12	東横沿線を語る会
新潟県	阿賀町	1995	17	津川　狐の嫁入り行列実行委員会
	小千谷市	1984	6	片貝　花火まつり
	佐渡市	1982	4	佐渡版画村運動
富山県	立山町	2014	36	布橋灌頂会実行委員会
	高岡市	2012	34	伏木相撲愛好會

富山県	高岡市	2006	28	福岡町つくりもんまつり
	富山市	2005	27	全日本チンドンコンクール
	富山市	2004	26	富山県民謡おわら保存会
	南砺市	2002	24	スキヤキ・ミーツ・ザ・ワールド
	富山市	1997	19	ふるさと開発研究所
	南砺市	1996	18	いなみ国際木彫刻キャンプ実行委員会
	高岡市	1994	16	越中野外音楽劇団
	富山市	1981	3	劇団「文芸座」
石川県	白山市	2006	28	白峰・桑島地区の雪だるままつり
	金沢市	2005	27	浅の川園遊会
	金沢市	1981	3	金沢を世界へひらく市民の会
福井県	坂井市	1999	21	日本一短い手紙「一筆啓上賞」活動
	越前市	1991	13	今立現代美術紙展実行委員会
	福井市	1985	7	朝倉氏遺跡保存協会
山梨県	北杜市	1995	17	身体気象農場・舞塾
	山梨市	1990	12	妣田豊原塾
長野県	飯田市	2014	36	峠の国盗り綱引き合戦
	下諏訪町	1996	18	諏訪交響楽団
	御代田町	1993	15	西軽井沢ケーブルテレビ
	飯田市	1988	10	いいだ人形劇フェスタ
	長野市	1984	6	信州児童文学会
岐阜県	美濃市	2003	25	美濃流し仁輪加
	岐阜市	1983	5	劇団「はぐるま」
静岡県	浜松市	2014	36	峠の国盗り綱引き合戦
	磐田市	2013	35	桶ケ谷沼　トンボの楽園づくり
	浜松市	2009	31	横尾歌舞伎
	浜松市	2000	22	浜松交響楽団
	静岡市	1994	16	青嶋 昭男氏・青嶋 節子氏（個人）
	浜松市	1986	8	浜松まつり凧揚げ保存会
	静岡市	1980	2	劇団「炎」
愛知県	名古屋市	1996	18	名古屋むすめ歌舞伎
	豊田市	1986	8	足助　ロマンの町づくり
	名古屋市	1983	5	グリーン・エコー
	豊橋市	1981	3	豊橋交響楽団

三重県	多気町	2011	33	三重県立相可高等学校「調理クラブ」
	鳥羽市	2010	32	島の旅社推進協議会
	松阪市	1989	11	あいの会「松坂」
	志摩市	1981	3	佐藤 忠勇氏（個人）
滋賀県	長浜市	2013	35	江北図書館
	東近江市	1992	14	東近江大凧保存会
	長浜市	1984	6	長浜曳山祭保存会
京都府	宮津市	2013	35	丹後藤織り保存会
	京都市	2004	26	丸田 明彦氏（個人）
	京都市	2002	24	遠藤 寿美子氏（個人）
	京都市	1987	9	高橋 美智子氏（個人）
	京都市	1979	1	京都女子大子どもの劇場
大阪府	大阪市	2011	33	今宮戎　宝恵駕行列
	八尾市	2008	30	八老劇団
	能勢町	2007	29	能勢 浄瑠璃の里
	大阪市	2004	26	中之島まつり
	大阪市	1986	8	映画〝中之島〟製作グループ
	大阪市	1982	4	季刊誌「大阪春秋」
兵庫県	姫路市	1998	20	日本玩具博物館
	南あわじ市	1997	19	淡路人形協会 淡路人形座
	神戸市	1996	18	神戸ジャズ・ストリート実行委員会
	兵庫県	1995	17	神戸新聞社（佐治敬三特別賞）
	尼崎市	1988	10	ピッコロシアター
	神戸市	1982	4	月刊「神戸っ子」
	神戸市	1980	2	国際ジャパネスク歌舞伎
奈良県	奈良市	1993	15	荒井 敦子氏（個人）
和歌山県	田辺市	2009	31	南方熊楠顕彰会
	和歌山市	1990	12	紀州　ふるさとの歌づくり
	和歌山市	1986	8	ミュージカル劇団「ヤング・ゼネレーション」
鳥取県	米子市	1991	13	永井 伸和氏（個人）
島根県	松江市	2014	36	美保神社大祭奉賛会
	隠岐の島町	2008	30	隠岐国分寺蓮華会舞保存会
	浜田市	2000	22	波佐文化協会
	出雲市	1999	21	出雲歌舞伎「むらくも座」

島根県	松江市	1997	19	劇団「あしぶえ」
	雲南市	1991	13	鉄の歴史村づくり
	隠岐の島町	1988	10	隠岐古典相撲大巾会
岡山県	倉敷市	2006	28	大原美術館ギャラリーコンサート
	岡山市	2003	25	桃太郎少年合唱団
	岡山市	1985	7	夢二郷土美術館
広島県	廿日市市	2004	26	説教源氏節人形芝居「眺楽座」
	広島市	1989	11	トワ・エ・モア
	福山市	1982	4	日本はきもの博物館
山口県	山口市	2012	34	山口鷺流狂言保存会
	長門市	2002	24	近松伝承をいかすまち 長門
	下関市	2001	23	下関少年少女合唱隊
	下関市	1994	16	下関市民ミュージカルの会
	宇部市	1987	9	宇部市緑化運動推進委員会
徳島県	三好市	2013	35	四国の秘境 山城・大歩危妖怪村
	徳島市	1998	20	犬飼農村舞台保存会
	徳島市	1995	17	徳島国際人形劇フェスティバル実行委員会
	阿波市	1989	11	阿波町 花いっぱい運動
香川県	高松市	2012	34	イサム・ノグチ日本財団
	高松市	1984	6	四国民家博物館
愛媛県	松山市	2012	34	俳句甲子園実行委員会
	新居浜市	2003	25	日本のお手玉の会
	東温市	2000	22	高畠華宵大正ロマン館
	内子町	1992	14	内子 歴史と文化の里づくり
高知県	仁淀川町	2010	32	秋葉まつり
	馬路村	2003	25	馬路村 柚子のふるさと村づくり
	香南市	2000	22	土佐絵金歌舞伎伝承会
	中村市	1990	12	トンボと自然を考える会
	檮原町	1979	1	檮原史談会
福岡県	八女市	2014	36	八女福島　住まう文化のまちづくり
	北九州市	2011	33	福岡県立北九州高等学校「魚部」
	飯塚市	2005	27	嘉穂劇場
	福岡市	1993	15	はかた夢松原の会
	福岡市	1987	9	博多町人文化連盟

福岡県	北九州市	1984	6	劇団「青春座」
佐賀県	武雄市	1999	21	玄海人クラブ
	佐賀市	1988	10	地球市民の会
	多久市	1985	7	多久古文書の村
長崎県	対馬市	2009	31	朝鮮通信使行列振興会
	雲仙市	2008	30	勤労障がい者長崎打楽団　瑞宝太鼓
	長崎市	1979	1	中島川を守る会
熊本県	熊本市	2014	36	開懐世利六菓匠
熊本県	山都町	2001	23	清和文楽人形芝居保存会
	山鹿市	1987	9	熊本史談会
	熊本市	1984	6	高野 和人氏（個人）
大分県	豊後高田市	2009	31	豊後高田 昭和の町
	佐伯市	1998	20	県南落語組合
	大分市	1996	18	ニューCOARA
	姫島村	1988	10	姫島 車えび養殖
	宇佐市	1986	8	新邪馬台国
	由布市	1982	4	湯布院 自然と文化のまちづくり
	大分市	1979	1	大分県民オペラ協会
宮崎県	美郷町	1994	16	南郷村 百済の里づくり
鹿児島県	出水市	2002	24	出水市立荘中学校ツルクラブ
	姶良市	2001	23	蒲生郷太鼓坊主
	鹿児島市	1985	7	鹿児島オペラ協会
沖縄県	竹富町	2013	35	うふだき会と小浜島ばあちゃん合唱団
	うるま市	2010	32	現代版組踊「肝高の阿麻和利」
	那覇市	2001	23	沖縄藝能史研究会
	那覇市	1997	19	おもろ研究会
	沖縄市	1995	17	沖縄県民踊研究会
	沖縄市	1992	14	琉球國祭り太鼓
	うるま市	1989	11	演劇集団「創造」
	宜野湾市	1980	2	沖縄民話の会

本書に登場する地域文化活動のオフィシャルサイト一覧

第1章	YOSAKOIソーラン祭り	YOSAKOIソーラン祭り組織委員会 〒060-0001 札幌市中央区北1条西2丁目　北海道経済センタービル4F TEL：011-231-4351　FAX：011-233-4351 http://www.yosakoi-soran.jp/
	北海道大学「縁」	http://hokudai-en.wix.com/dokkoisho
	よさこい祭り	http://www.yosakoi.com/jp/
	市民創作「函館野外劇」の会	http://www.yagaigeki.com/
	函館カール・レイモン	http://www.raymon.co.jp/
	札幌こどもミュージカル	http://www.kodomo-musical.jp/scm/index.htm
	にっぽんど真ん中祭り	http://www.domatsuri.com/
	安濃津よさこい	http://www.anotsu-yosakoi.com/
	夢想漣えさし	http://www.yumesouran.com/
	平岸天神	http://www.hiragishitenjin.com/
	越後妻有アートトリエンナーレ	http://www.echigo-tsumari.jp/
	瀬戸内国際芸術祭	http://setouchi-artfest.jp/
	粋～IKI～北海道学園大学	http://koikiteam.ikidane.com/
	江差追分会	〒043-0034 北海道檜山郡江差町字中歌町193-3 江差追分会館内 TEL：0139-52-5555　FAX：0139-52-5544 http://esashi-oiwake.com/
	全国太鼓フェスティバル	http://www.3riku.jp/taiko/
	日本のお手玉の会	http://www.otedama.jp/
	全国花火競技大会	http://www.oomagari-hanabi.com/
	俳句甲子園	http://www.haikukoushien.com/
	木村香澄	http://www.k-kazumi.com/
	昭和新山国際雪合戦	昭和新山国際雪合戦実行委員会 〒052-0101 北海道有珠郡壮瞥町字滝之町384番1 そうべつ情報館内 TEL：0142-66-2244　FAX：0142-66-2800 http://www.yukigassen.jp/

<table>
<tr><td rowspan="7">第2章</td><td>いいだ人形劇フェスタ</td><td>いいだ人形劇フェスタ実行委員会事務局
〒395-0051
長野県飯田市高羽町5-5-1　飯田文化会館内
TEL.：0265-23-3552　FAX：0265-23-3533
http://www.iida-puppet.com/index.html</td></tr>
<tr><td>浄るりシアター</td><td>〒563-0341
大阪府豊能郡能勢町宿野30
TEL：072-734-3241　FAX：072-734-3240
http://www.jyoruri.jp/</td></tr>
<tr><td>鹿角座</td><td>http://rokkakuza.jp/</td></tr>
<tr><td>伝統文化の黒衣隊</td><td>http://kurokotai.jp/</td></tr>
<tr><td>現代版組踊「肝高の阿麻和利」</td><td>あまわり浪漫の会
〒904-2312
うるま市勝連平安名2925-1
TEL：098-978-0608　FAX：098-978-9750
http://www.amawari.com/</td></tr>
<tr><td>佐渡版画村美術館</td><td>http://www17.ocn.ne.jp/~hanga.sd/</td></tr>
<tr><td>琉球國祭り太鼓</td><td>http://ryukyukokumatsuridaiko.com/</td></tr>
<tr><td rowspan="7">第3章</td><td>岡田文淑さん</td><td>http://www.geocities.jp/o_fumiyoshi/</td></tr>
<tr><td>劇団「オーガンス」</td><td>http://aughance.web.fc2.com/</td></tr>
<tr><td>コスキン・エン・ハポン</td><td>コスキン・エン・ハポン開催事務局
事務局長 齋藤寛幸
〒960-1426
福島県伊達郡川俣町字日和田26
TEL：024-566-5050
http://www.cosquin.jp/</td></tr>
<tr><td>スキヤキ・ミーツ・ザ・ワールド</td><td>http://www.sukiyaki.cc/</td></tr>
<tr><td>劇団「文芸座」</td><td>http://www.bungeiza.com/</td></tr>
<tr><td>秋葉祭り</td><td>秋葉神社祭礼練り保存会
〒781-1592
高知県吾川郡仁淀川町大崎124番地
仁淀川町産業建設課内
TEL：0889-35-1083　Fax：0889-35-0571
http://www.town.niyodogawa.lg.jp/life/life_dtl.php?hdnKey=776</td></tr>
<tr><td>おわら風の盆</td><td>http://www.yatsuo.net/kazenobon/</td></tr>
</table>

小島多恵子（こじま・たえこ）
一九五九年生まれ。大阪大学文学部美学科卒業後、サントリー文化財団職員に。現在、サントリー文化財団上席研究員。三十年以上にわたり、サントリー地域文化賞、研究助成、シンポジウムなどの事務局を担当。仕事とプライベートの両面で、日本全国の祭りやコミュニティ活動を探訪。著書『文化が地域をつくる』（共著、学陽書房）、『「地元」の文化力』（共著、河出書房新社）など。

ふるさとをつくる——アマチュア文化《ぶんか》最前線《さいぜんせん》

二〇一四年九月二十日　初版第一刷発行
二〇一四年十月　十　日　初版第二刷発行

著者　小島多恵子《こじまたえこ》
発行者　熊沢敏之
発行所　株式会社筑摩書房
東京都台東区蔵前二—五—三　〒一一一—八七五五
振替〇〇一六〇—八—四一二三
印刷　中央精版印刷株式会社
製本　中央精版印刷株式会社

ISBN978-4-480-81841-6 C0036

乱丁・落丁本の場合は、左記あてにご送付ください。送料小社負担でお取り替えいたします。
ご注文・お問い合わせも左記へお願いいたします。
筑摩書房サービスセンター　電話　〇四八—六五一—〇〇五三
さいたま市北区櫛引町二—六〇四　〒三三一—八五〇七